치매예방 • 인지기능 강화를 위한 뇌 튼튼

실버 인지활동 워크북 중급 02

이송은 · 안미영 · 한지선 · 김숙영 · 홍선하

동화가있는집 연구소 | 실버인지프로그램 개발팀

머/리/말

치매예방과 인지기능 강화, 즐겁게 할 수는 없을까?

동화가있는집 연구소가 십여 년간의 수업기록을 담아 『치매예방과 인지기능 강화를 위한 노인 인지활동책놀이』(2019)를 발간한 이래, 문학을 매개로 한 어르신 통합인지활동의 수요가 꾸준히 증가하고 있다. 다양한 노인수업 현장에서 도란도란 들썩들썩 즐겁게 참여하시는 어르신들을 만나면서 다음과 같은 목표를 세우고 [뇌 튼튼] 워크북 시리즈를 기획하였다.

'일상 속에서 쉽게 접할 수 있는, 삶이 배어있는 인지활동 워크북'
'종이와 연필의 한계를 넘어선 유쾌한 놀이 같은 워크북'
'즐겁게 풀어 보면서 인지기능 강화와 효능감을 느낄 수 있는 워크북'
'문해를 넘어 어르신과 가족이, 어르신과 담당자가 서로 소통할 수 있는 따뜻한 워크북'

이 같은 목표를 위해 [뇌 튼튼] 시리즈는 기억력, 주의집중력, 지남력, 언어능력, 사고력, 시공간능력(시지각 및 시공간지각 능력)등 인지영역을 고르게 담고 있다. 아울러 장기기억 회상을 통해 정서적 안정감을 고취하고, 흥미로운 소재와 창의적인 놀이형식의 접근으로 우울감 해소에도 도움이 되도록 구성하였다. 난이도별로 훈련이 가능하도록 〈초급〉은 인지기능 저하 진단을 받으신 분, 〈중급〉은 치매를 예방하고자 하는 분으로 대상을 구분하였다. 각 권은 일상생활과 관련된 절기나 명절이 포함되어 봄•여름(01) 편과 가을•겨울(02) 편으로 나뉘어져 있다.

이 책에는 저자들이 가정과 주야간보호센터, 요양원, 방문요양, 노인복지관, 경로당, 치매안심센터, 도서관에 이르까지 다양한 현장에서 어르신들과 함께 문제를 풀어보며, 수정을 거듭한 결과들이 담겨 있다. 이 과정에서 바쁜 일정 가운데서도 기꺼이 감수를 맡아주신 이경민 작업치료사님께 감사드린다.

우리가 다양한 어르신들을 만나면서 깨닫게 된 두 가지는 '치매가 있다고 해서 섣불리 포기해서는 안 된다는 것', '100세 시대에는 노년기에 접어든 삶도 여전히 현재 진행형으로서 학습하는 존재'라는 점이다. [뇌 튼튼] 시리즈가 치매 어르신, 가족, 기관 종사자분들, 치매예방을 위해 준비하는 모든 분들에게 도란도란 즐길 수 있는 이야깃거리가 되고, 행복한 마실 같은 인지활동 워크북이 되길 기대한다.

동화가있는집 실버인지프로그램 개발팀

일/러/두/기

[뇌 튼튼 시리즈의 특징]

◉ 인지능력별 구성

초급 : '인지기능 저하'로 진단받은 치매 어르신이나 최근에 현저하게 인지 기능 감퇴를 겪고 있는 분을 위한 것입니다.

중급 : 치매예방용 프로그램으로서 일반 어르신을 대상으로 합니다.

◉ 계절별 구성

기본적인 인지활동 주제 외에 계절별 자연의 특징이나 명절, 절기를 담고 있어 지남력 향상과 일상생활 수행능력 증진에 도움을 줍니다.

01 : 봄•여름 02 : 가을•겨울

◉ 다양하고 역동적인 놀이 방법 제시

- 정적인 지필형 활동에 국한되지 않고 다양한 놀이 방법을 제안합니다.
  - 빙고, 가위바위보, 메모리 게임, 박수치기, 전통놀이, 그리기, 퍼즐 카드 등
- 기억력 문제의 경우, 본인이 제시한 답 외에 메모 에 소개된 다양한 방법을 적용해 봄으로써 학습효과를 높일 수 있습니다.

[뇌 튼튼 시리즈 활동지 활용의 실제]

〈중급 01, 02〉

* 준비물: 잘 써지는 연필과 지우개, 색연필(필요시)

- 가능한 한 해답을 보지 않고 풀어봅니다.
- 일정한 양을 꾸준히 풀어보는 것이 중요합니다.
- 보호자나 강사가 함께 진행할 시에는 어르신이 반응할 때까지 기다려드리고 오답인 경우에도 지적하기보다는 추가 힌트를 제시함으로써 효능감을 고취시킵니다.

※ 본 책에 실린 문제들은 『노인인지활동책놀이』(창지사)에 소개된 문학작품 및 활동과 연계하면 더 큰 시너지 효과를 볼 수 있습니다.

목차

지금부터 뇌 튼튼!
인지활동 워크북을 시작해 볼까요?

이 책은 ______________________ 님의
뇌 튼튼! 활동북입니다.

떡 떡 기억하기 ①

기억력

1. 다음 떡들의 이름을 말해 보고 적어 보세요.

위의 5개 떡들을 다시 한번 보고, 순서대로 기억해 주세요.

(다음 장으로 넘겨 주세요.)

떡 떡 기억하기 ②

2. 앞장에는 없었는데 새로 추가된 떡을 찾아 ○해 보세요.
(※앞장을 보지 않고 답해 보세요.)

3. 앞장에는 있었는데 사라진 떡은 무엇인가요?

4. 앞장의 떡들을 순서대로 적어 보세요.

5. 앞장의 떡들을 기억할 때 어떤 방법을 사용하셨나요?

- 떡 이름의 첫 글자를 외우거나 이야기를 만들어 기억한다. *가시백인송*
- 눈에 보이는 모습이나 재료(떡 모양, 색깔 등)로 기억한다.

떡 이름 초성 퀴즈

언어능력

다음 초성을 보고, 떡의 이름을 적어 보세요.

보기

ㅅ	ㅅ	ㅍ	ㄸ	→	수	수	팥	떡

ㅇ	ㅈ	ㅁ	→			
ㄱ	ㄹ	ㄸ	→			
ㅂ	ㅅ	ㄱ	→			
ㅅ	ㄹ	ㄸ	→			

ㅎ	ㅈ	→		
ㅈ	ㅍ	→		
ㄲ	ㄸ	→		
ㅅ	ㅍ	→		

의미 · 색 따로따로

주의집중력

1. 우산 위에 색깔 이름이 적혀 있습니다. 보기 와 같이 우산에 적힌 글자들의 색깔을 차례대로 말해 보세요.

2. 위 우산들 중에서 ②번처럼 우산 색깔이 바르게 적힌 것을 찾아 번호를 적어 보세요.

답 : ②, , ,

그림 보고 계산하기

계산력

우산 가게에 장 우산, 접이식 우산, 비닐 우산이 있습니다. 다음 □안에 어떤 숫자가 들어가야 하는지 계산하여 적어 보세요.

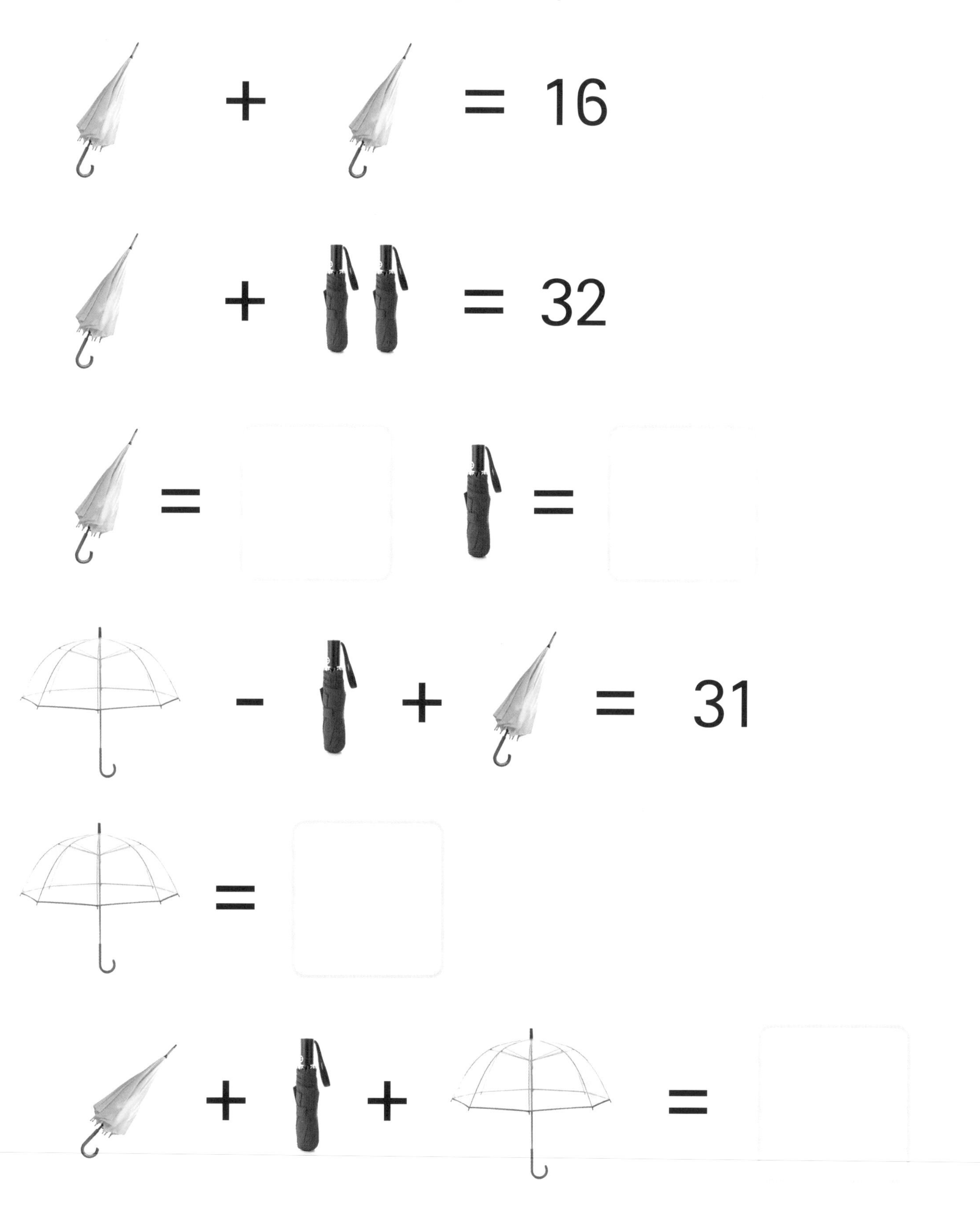

같은 우산 찾기

시공간지각능력

다음은 4개의 우산을 옆에서 본 모양과 위에서 본 모양의 그림입니다.
같은 우산을 찾아 선으로 연결해 보세요.

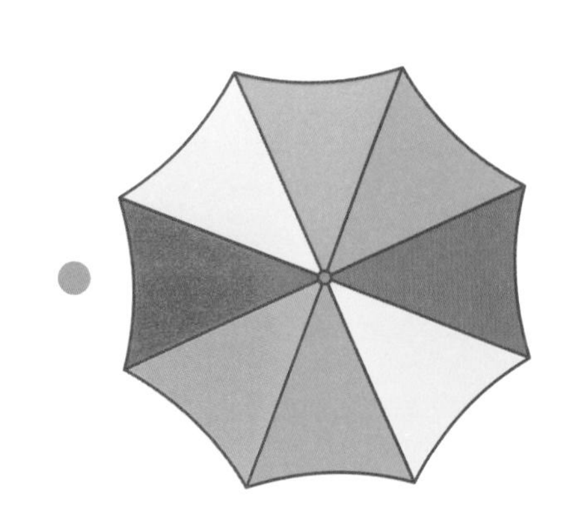

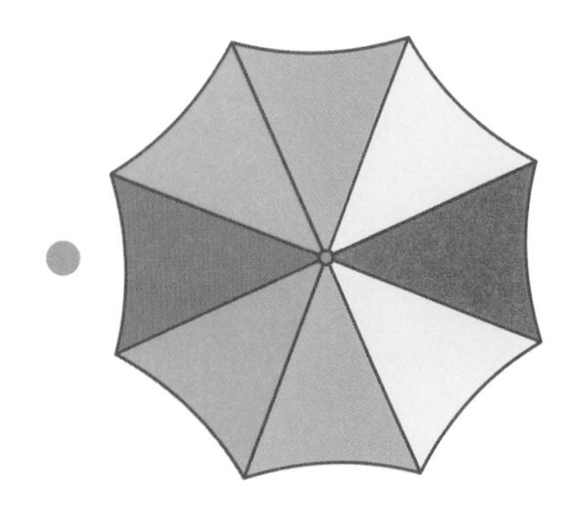

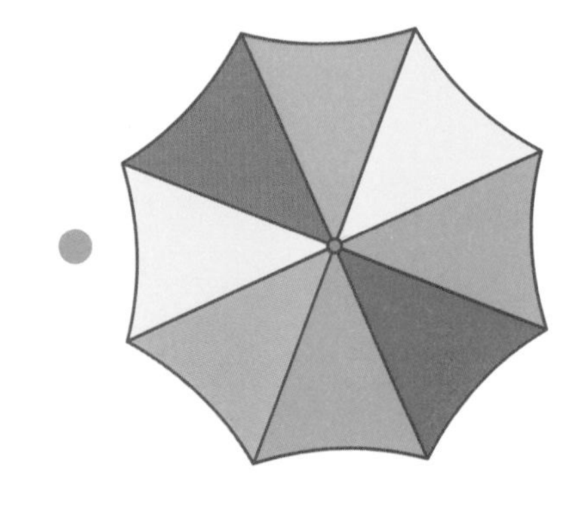

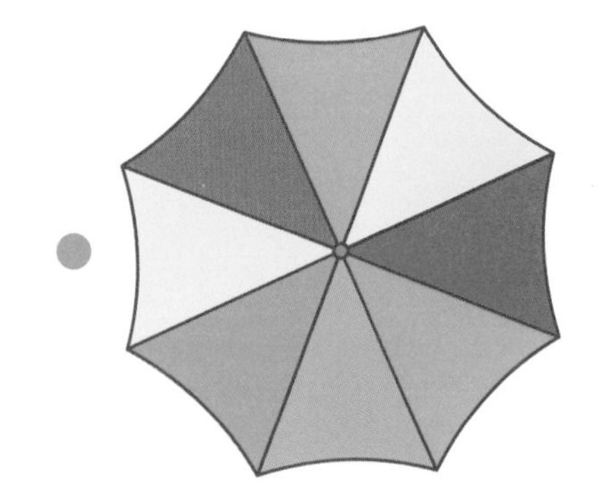

추억의 포스터

사고력

다음은 우리나라에서 예전에 사용했던 포스터입니다. 요즘 우리 사회의 문제와 가장 반대되는 내용을 담고 있는 것은 무엇인가요? 그 이유는 무엇인가요?

①

꺼진 불도
다시 보자

②

쥐를 잡자

③

4월 5일
식목일
나무를 심자

④

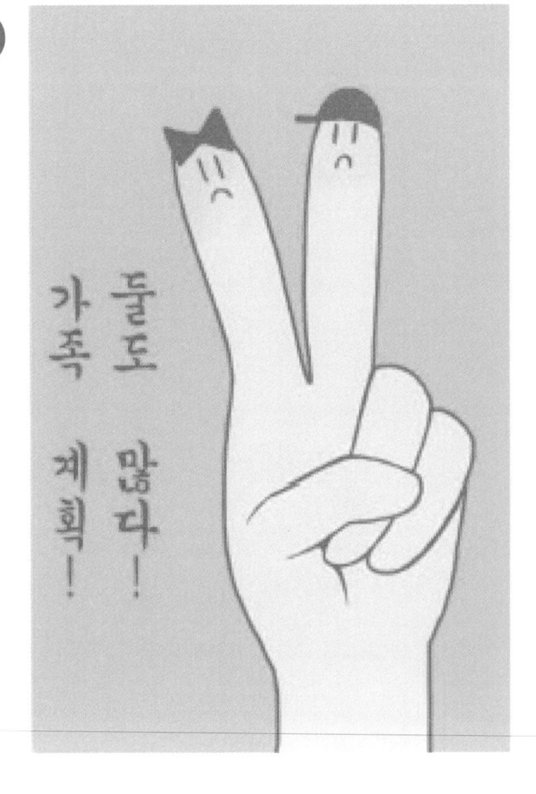
둘도 많다!
가족 계획!

꼬리 찾기

시지각능력

다음 동물들 중 꼬리가 서로 뒤바뀐 동물끼리 선으로 연결해 보세요.

미로 찾기

시공간지각능력

취가 쌀을 찾아갑니다. 고양이를 피해 안전하게 도착할 수 있도록 길을 찾아 선을 그어 보세요.

비밀 찾기

시공간지각능력

솔이가 할머니에게 구멍 난 비밀 편지와 선물 힌트를 보냈습니다. 종이를 그림과 같이 화살표 방향으로 접으면 무엇이 보일까요?

1. 구멍을 통해 보이는 글자를 조합하여 문장을 완성해 보세요.

답 : ______________________________ 요.

요				니	도	발	요
				합	나	다	시
				에	만	해	까
				착	6	4	출

2. 구멍을 통해 보이는 그림 힌트를 보고 솔이의 선물을 맞혀 보세요.

답 : ______________________________

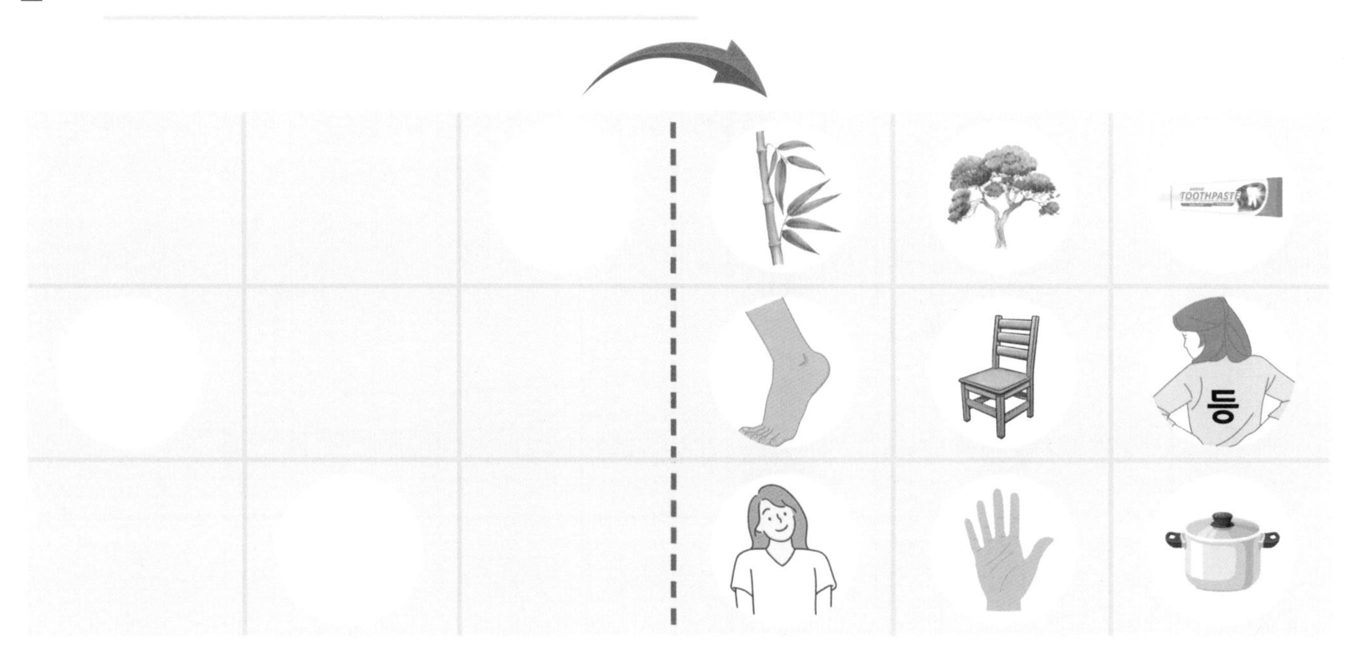

장소 기억하기 ①

기억력·언어능력

1. 다음 김 여사의 하루 일정을 큰 소리로 읽어 보세요.

아침 일찍 미용실에서 파마를 하고,

문방구에서 손주에게 줄 장난감을 사고,

세탁소에서 한복을 찾아오는 길에

약국에 들러 소화제를 사서

집에 돌아왔습니다.

2. 김 여사가 하루 동안 다녀온 곳을 순서대로 말해 보세요.

위 장소들을 다시 한번 말해 보고 기억해 주세요. 또, 순서대로 잘 기억하려면 어떤 방법을 사용할 수 있을지 생각해 보세요.

(다음 장으로 넘겨 주세요.)

장소 기억하기 ②

3. 앞장을 보지 않고 다음 물음에 답해 보세요.

❶ 김 여사가 방문한 곳이 아닌 곳에 ○해 보세요.

❷ 김 여사가 방문한 장소를 순서대로 적어 보세요.

______ → ______ → ______ → ______

❸ 위 장소들을 기억하기 위해 어떤 방법을 사용했는지 말해 보세요.

______

분류하기

사고력

보기 와 같이 종류가 다른 한 가지를 찾아 ○하고, 나머지들을 묶어 무엇이라고 부르는지 적어 보세요.

보기

망치	펜치
톱	(프라이팬)
송곳	드라이버

공구

❶

두릅	도라지
시금치	고사리
굴비	숙주

❷

운동화	장화
양말	슬리퍼
샌들	구두

❸

막걸리	정종
맥주	위스키
와인	커피

❹

메뚜기	개구리
벌	나비
사마귀	매미

속담 연상하기

언어능력

다음 그림 힌트를 잘 보고, '호랑이'와 관련된 속담을 말해 보세요.

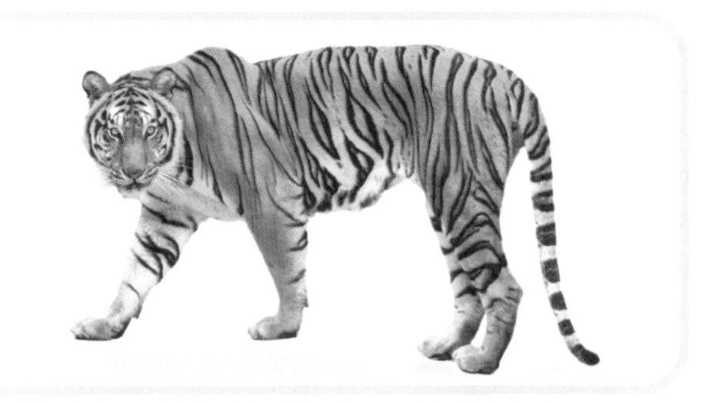

답 : ______________________________

❷

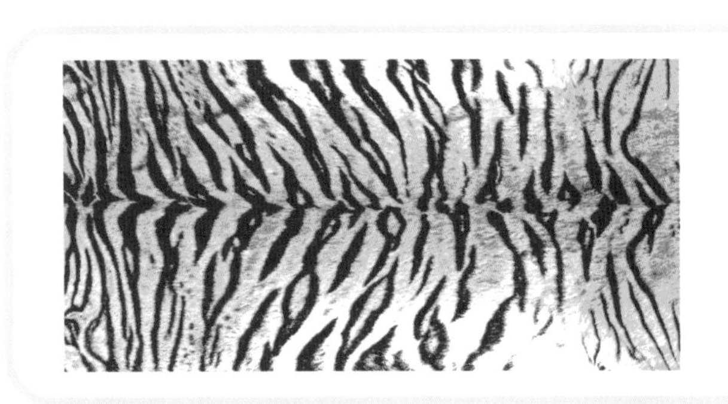

답 : ______________________________

답 : ______________________________

퍼즐 조각 맞추기

시공간지각능력

부록에서 그림 조각을 떼어 호랑이 그림을 완성해 보세요.

콩으로 만든 음식 찾기

사고력

1. 다음 중 콩으로 만든 음식을 모두 찾아 ○해 주세요. (5개)

2. 그밖에 콩으로 만들 수 있는 음식을 적어 보세요.

말 잇기 퍼즐

언어능력

보기 와 같이 말 잇기를 하여 빈칸을 채워 보세요.

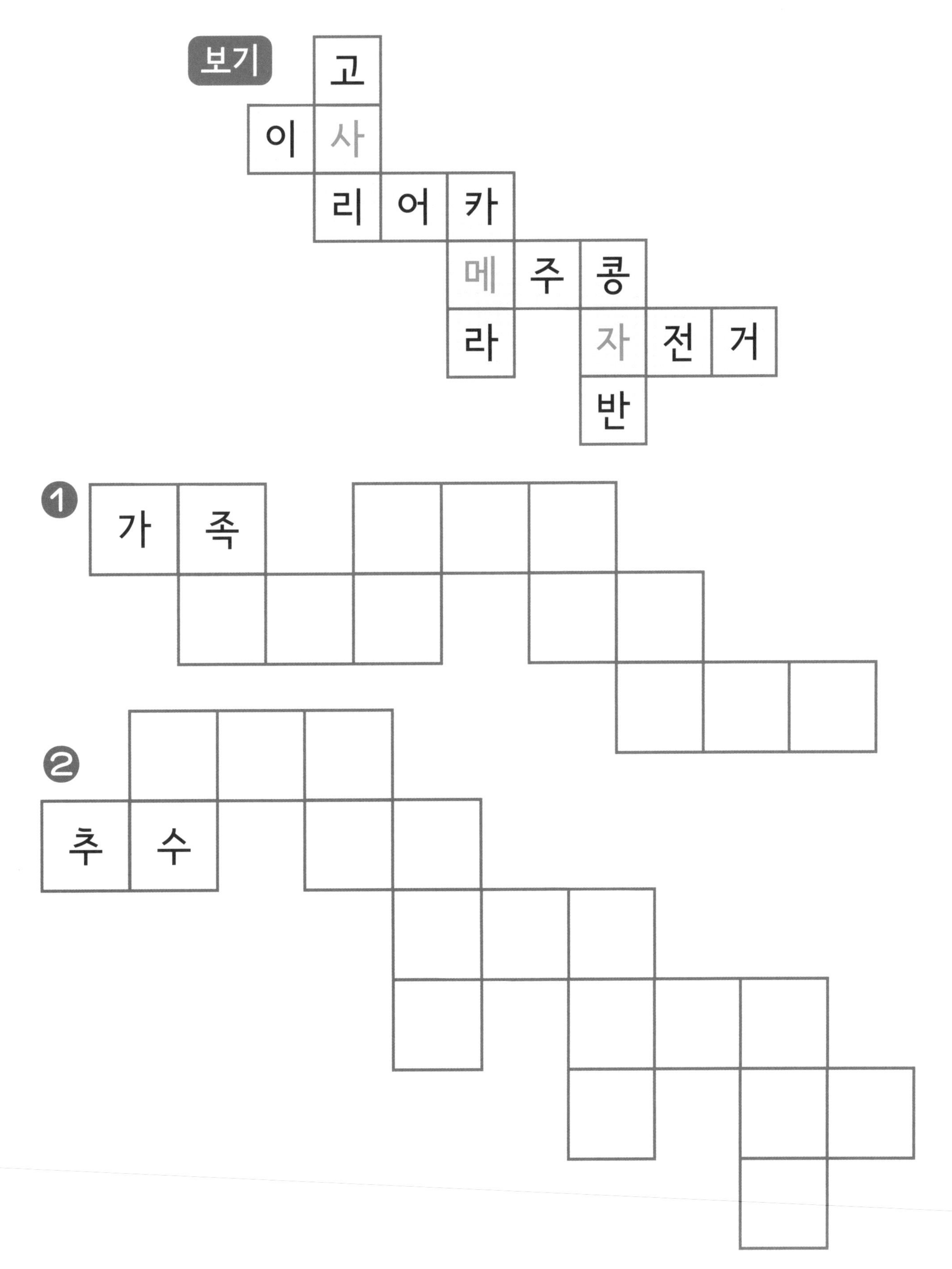

사다리 타기

시공간지각능력

다섯 명의 친구들이 농사를 지었습니다. 사다리 게임을 통해 누가 무엇을 수확했는지 농작물 아래에 성씨를 써 보세요.

사다리 타기 게임 방법 :
출발 지점에서 아래로 내려갑니다. 연결선을 만나면 옆으로 이동하고 아래로 내려갑니다. 도착 지점까지 이러한 과정을 반복합니다.

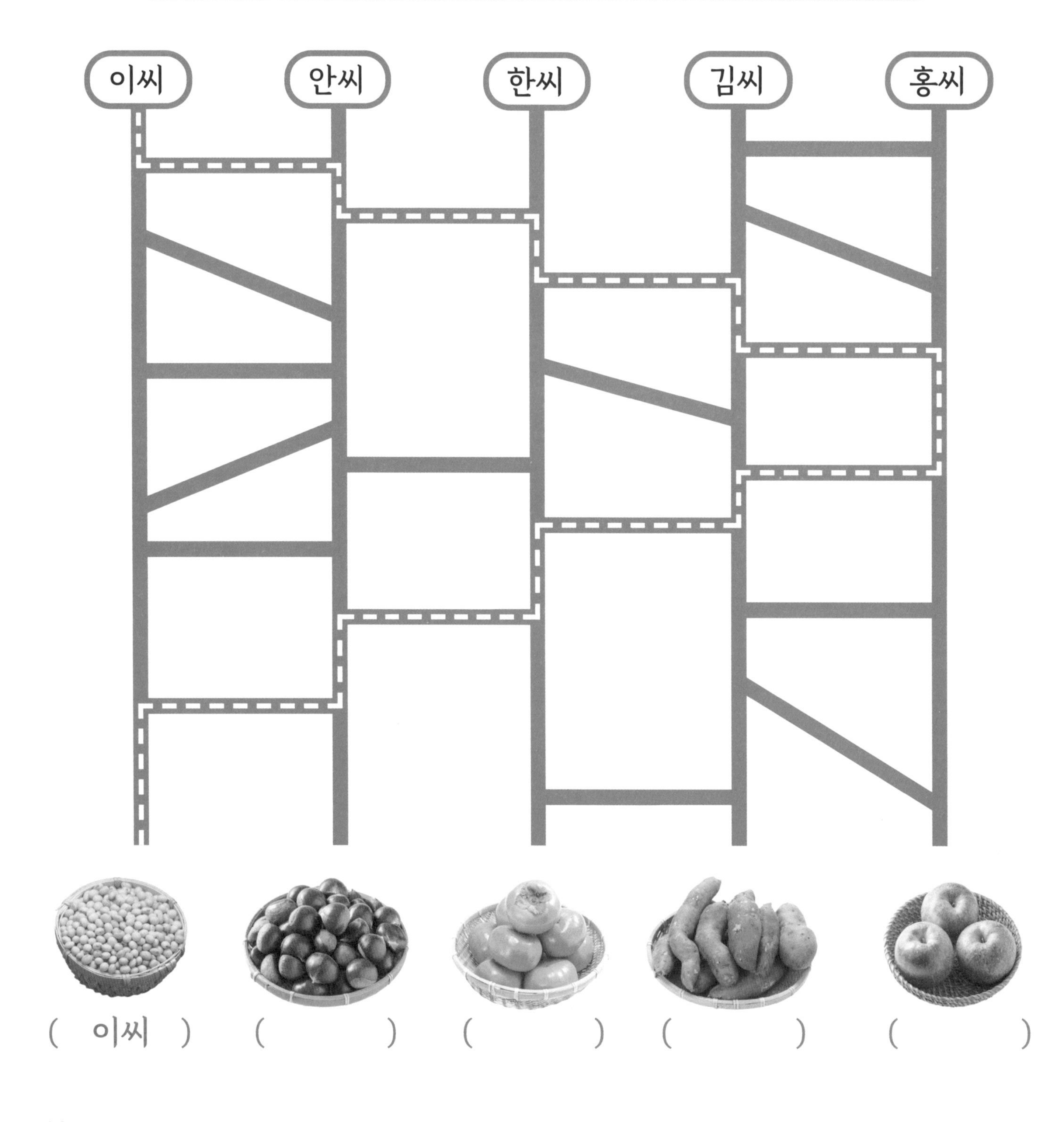

그림 끝말잇기

언어능력

다음 그림의 단어로 끝말잇기를 하여 도착 지점까지 선으로 이어 보세요.

시작

나무

무지개

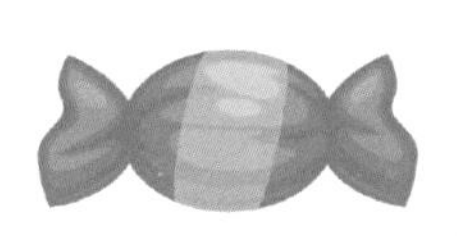

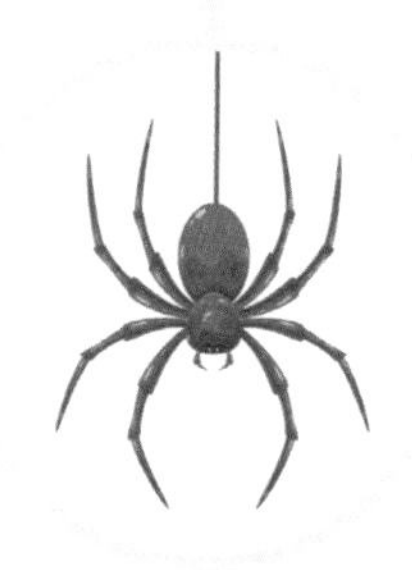

도착

그림자 보고 사물 찾기

시지각능력

왼쪽의 그림자를 보고 오른쪽에서 해당하는 사물 2개를 찾아 ○해 보세요.

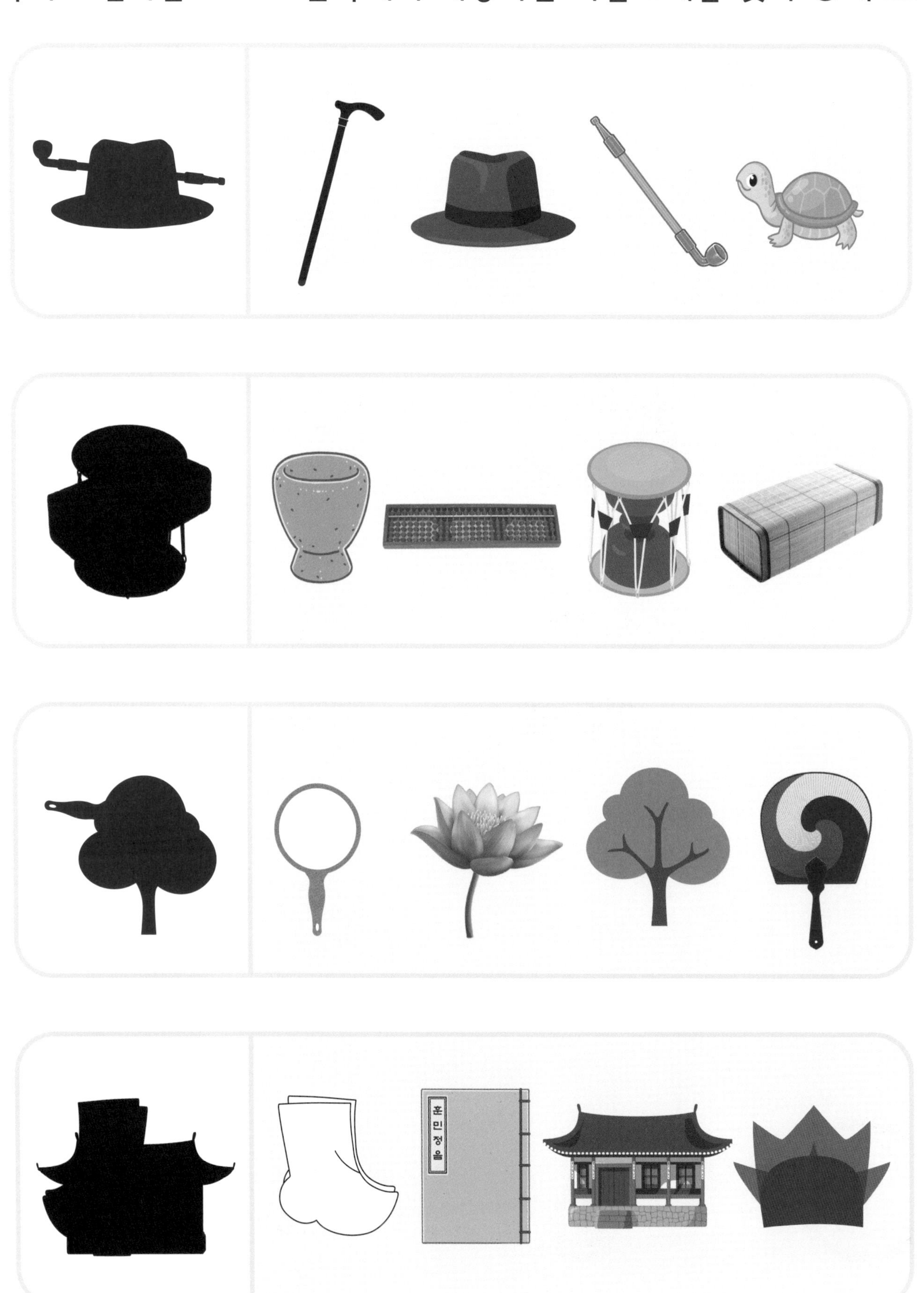

규칙 찾기(그릇)

사고력

1. 다음 , , 가 한 줄에 1개씩 놓여 있습니다. 각각의 그릇이 위에서 아래로 내려가면서 어떤 규칙으로 이동하는지 살펴보고 말해 보세요.

1	2	3	4	5	6	7	8	9	10	11

2. 맨 아랫줄에 각각의 그릇은 몇 번 칸에 들어가야 하는지 그려 넣어 보세요.

나라 이름 찾기

언어능력

다음 보기와 같이 나라 이름을 가로, 세로, 대각선에서 모두 찾아 ○해 보세요. (보기 외 10개)

영	아	중	국	프	일	카
국	프	다	마	태	인	본
캐	나	랑	리	국	뉴	도
미	국	필	스	마	질	이
하	오	리	라	자	랜	스
와	파	핀	하	사	드	라
이	대	한	민	국	바	엘

다른 부분 찾기(운동회)

주의집중력

다음 두 그림을 보고 서로 다른 부분을 찾아 2번 그림에 ○해 보세요.
(7군데)

딱지 뒤집기

사고력·계산력

딱지 30장으로 뒤집기 게임을 하고 있습니다. 게임 방법과 1차전 결과를 보고 물음에 답해 보세요.

게임 방법

청팀은 앞면 이 나오게 뒤집고, 백팀은 뒷면 이 나오게 뒤집습니다. 게임 종료 시 많이 뒤집은 팀이 이깁니다.

<1차전 결과>

1. 위 1차전의 결과는 청팀 14 장, 백팀 ______ 장입니다.

2. 두 팀이 무승부(동점)가 되려면 청팀이 백팀의 카드 ______ 장을 뒤집으면 됩니다.

3. 위 1차전 결과에서 백팀의 딱지의 수가 청팀의 2배가 되려면, 백팀이 청팀의 카드를 ______ 장 뒤집으면 됩니다.

다섯 고개 퀴즈

사고력

1. 다음 다섯 고개 퀴즈를 풀어 보세요.

1. 슬플 때도 필요하고 기쁠 때도 필요합니다.
2. 두 글자입니다.
3. 가깝게 오래 지낸 사람을 말합니다.
4. 학교 OO, 직장 OO, 동네 OO, 동호회OO,
   술OO등 여러 OO가/이 있습니다.
5. 'OO 따라 강남 간다.'라는 속담이 있습니다.

정답 :

2. 이번에는 직접 출제위원이 되어서 다섯 고개 힌트를 만들어 보세요.

1. 천연 소재로 만들고 바람이 잘 통합니다.
2. 옛날에 먼 길 떠날 때 여분으로 챙겨 등에 메고
   가기도 했습니다.
3. 비오는 날 신으면 발이 젖습니다.
4.
5. 라는 속담이 있습니다.

정답 : 짚신

짝 없는 열쇠 찾기

시공간지각능력

집 안 여러 곳의 자물쇠와 열쇠들입니다. 짝이 맞지 않는 열쇠 한 개를 찾아 ◯해 보세요.

볏단 수 세기

계산력·사고력

1. 충남 예산 지역에는 볏단을 서로 주거니 받거니 했던 '의좋은 형제' 이야기가 전해져 내려옵니다. 다음 빈칸에 들어갈 숫자를 적어 보세요.

총 100단	
형의 볏단	아우의 볏단
64	① (36)
② ( )	58
52	③ ( )
46	④ ( )
40	60

2. 위 빈칸에 들어간 ①~④번의 숫자들을 잘 보고, 숫자들 간에 어떤 규칙이 있는지 말해 보세요.

부분과 전체

주의집중력

보기 의 조각 그림 힌트를 잘 보고, 허수아비의 전체 모습을 찾아 ○해 주세요.

보기

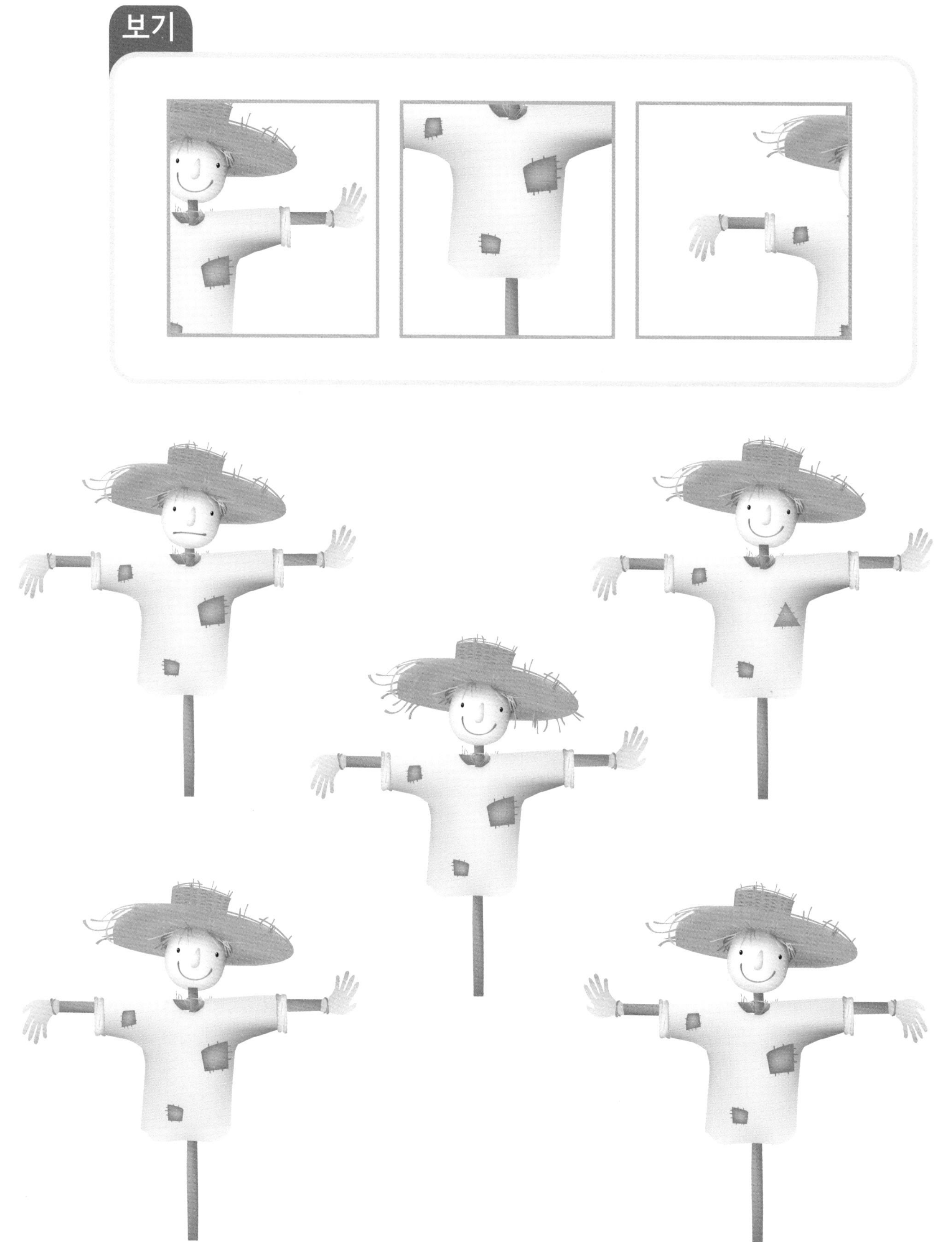

꼬리에 꼬리를 무는 이야기 ①

기억력·언어능력

다음 옛이야기를 소리 내어 읽어 보고, 물음에 답해 보세요.

옛날 어느 산골에 서른이 넘도록 장가를 못간 노총각이 살고 있었어요.

총각은 부지런하고 착해서 동네에서 칭찬이 자자했지요. 어느 날, 산신령이 나타나 물었어요.

"얘야, 네 소원이 무엇이냐?"

"그야 예쁜 색시에게 장가가는 것이지요."

"그럼 이 좁쌀을 놓치지 말고 한양까지 잘 가지고 가거라. 반드시 장가를 갈 수 있을 거야."

총각은 좁쌀 한 톨을 들고 길을 떠났어요.

첫 번째 주막에서 좁쌀을 맡기고 잠이 들었는데, '찍찍찍' 쥐가 냉큼 먹어 버렸어요.

"아니 그게 어떤 좁쌀인데 함부로 두었단 말이오? 그 좁쌀을 먹은 쥐라도 잡아주시오."

총각은 좁쌀 대신 쥐를 가지고 두 번째 주막에 도착했지요.

그런데 눈 깜짝할 사이에 '야옹!' 고양이가 쥐를 잡아먹어 버렸어요.

하는 수 없이 총각은 쥐 대신 고양이를 안고 세 번째 주막에 도착했지요.

그런데 아뿔싸! 이번엔 고양이가 '히이잉' 말에게 깔리고 말았지 뭐예요!

그리하여 네 번째 주막에서는 말을 맡기게 되었는데, '음머-' 외양간에서 황소 뿔에 받히고 말았어요.

"아니, 그 말이 어떤 말인데 외양간에다 두었단 말이오! 대신 소라도 주시오."

마침내 한양에 도착한 총각은 다섯 번째 주막에 소를 맡겼어요

그런데 하필 그날 밤 주막집 외동딸이 소고기가 먹고 싶다고 해서 소를 잡는다는 게, 총각의 소를 잘못 잡았지 뭐예요! 총각은 큰소리로 외쳤어요.

"다른 소는 필요 없으니 그 소를 먹은 따님이라도 주시오."

이렇게 해서 총각은 어여쁜 색시에게 장가들어 오순도순 행복하게 살았대요.

위 이야기를 다시 한 번 읽고 줄거리를 잘 기억해 주세요.

(다음 장으로 넘겨 주세요.)

꼬리에 꼬리를 무는 이야기 ②

기억력·언어능력

앞장을 보지 않고 다음 물음에 답해 보세요.

1. 앞장의 이야기 제목으로 가장 잘 어울리는 것을 찾아 번호에 ○해 보세요.

❶ 시골 총각의 한양 구경
❷ 선녀와 나무꾼
❸ 좁쌀 한 톨로 장가간 총각
❹ 산신령 이야기

2. 다음 주어진 낱말로 끝말잇기를 해 보세요.

장가 → 가수 → ______ → ______ → ______

3. 앞장의 이야기에서 총각이 한양으로 가면서 주막집에 맡긴 것 5가지를 차례대로 적어 보세요.

______ → ______ → ______ → ______ → ______

앞장의 이야기와 같이 꼬리에 꼬리를 무는 형식으로 되어 있는 구성은 줄거리를 떠올리는 것을 도와줍니다. 각각의 단서를 활용해 본인의 말로 이야기를 재현해 보세요. 누구나 훌륭한 이야기꾼이 될 수 있습니다.

다른 부분 찾기(연탄 배달)

주의집중력

두 그림을 잘 보고 서로 다른 부분을 찾아 2번 그림에 ○해 주세요.
(8군데)

틀린 속담 고치기 I

언어능력

다음 보기 와 같이 속담의 잘못된 부분을 바르게 고쳐 보세요.

보기

바다 건너 불 구경

→ 강 건너 불 구경

1. 불난 집에 고자질한다.

→

2. 장작불에 콩 볶아 먹겠다.

→

3. 손등에 떨어진 불

→

4. 파리 잡으려다 초가삼간 다 태운다.

→

5. 아니 땐 화로에 연기 나랴.

→

연탄 수 세기

시공간지각능력·계산력

다음은 순이네 연탄 창고 모습입니다. 그림을 잘 보고 물음에 답해 주세요.

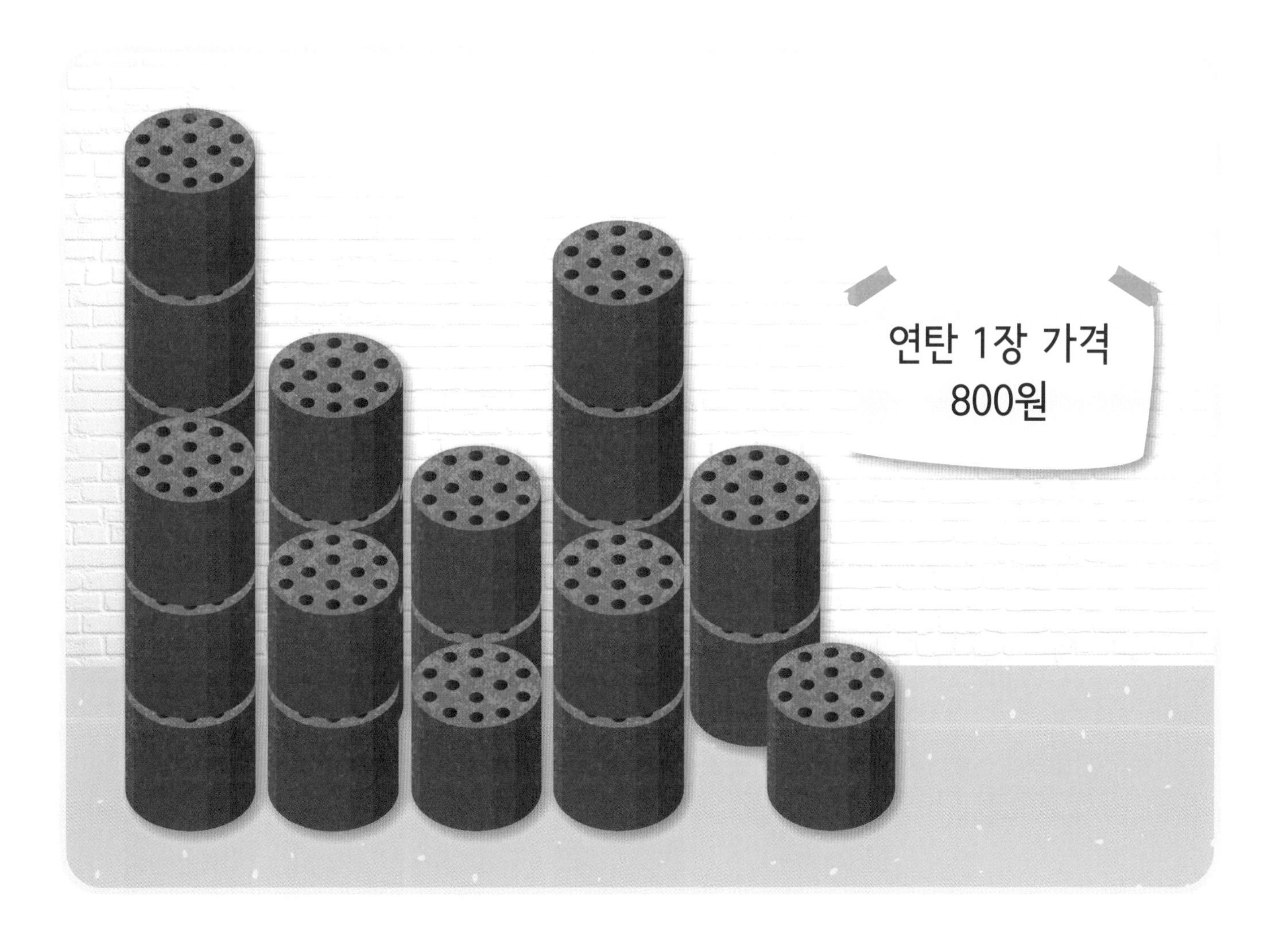

1. 위 연탄은 모두 몇 장(개)인가요? 장

2. 5만원으로 최대 몇 장(개)을 구입할 수 있나요?

장

3. 하루에 연탄을 2장씩 사용하여 석 달을 지내려면 연탄을 최소 몇 장을 구입해야 할까요?

① 100장 ② 150장 ③ 180장 ④ 300장

십자말 풀이 ①

언어능력

다음 낱말 퍼즐의 가로, 세로 힌트를 잘 보고 빈칸을 알맞게 채워 보세요.

		2 옛			4	5		
1 호	랑	이						
		야						7
		3 기				6		
	8		10				12	
9								
					11			
				13				

십자말 풀이 ②

언어능력

가로 문제

가로1 고양잇과의 몸짓이 큰 동물. ‘ OOO도 제 말하면 온다.’ 라는 속담이 있음.

가로3 오리과의 철새. 자녀를 외국으로 유학 보내고 한국에 혼자 남아 뒷바라지 하는 아버지를 ‘OOO아빠’라고 함.

가로4 생강, 계피, 설탕을 넣어 곶감, 잣을 띄워 먹는 우리나라 전통 음료

가로6 맨손과 맨발을 이용해 공격과 방어를 행하는 한국의 대표적인 전통 무예

가로8 소나 말을 기르는 장소

가로9 냄새가 향긋하여 쌈으로 먹거나 매운탕에 넣어 끓여 먹는 채소

가로11 여러 개의 장독을 놓아두는 높직한 곳

가로13 껍질을 벗겨 꿰어 말린 감

세로 문제

세로2 옛날부터 전해져 오는 이야기

세로5 마음의 태도나 자세
(예- ‘호랑이에게 물려가도 OO만 차리면 산다.’)

세로7 ‘바늘 도둑이 OOO된다.’

세로8 어머니의 친정

세로10 끼니와 끼니 사이에 먹는 음식

세로11 아이들이 가지고 노는 물건

세로12 작은 물체가 매달려 가볍게 흔들리는 모양

번갈아 가며 연결하기

사고력

다음 그림들 중에서 동물과 꽃 그림을 찾아 순서대로 번갈아 가며 연결해 보세요.

동물 → 꽃 → 동물 → 꽃

속담 속 숫자

언어능력·계산력

1. 다음은 숫자와 관련된 속담이나 표현들입니다. (   )안에 들어갈 숫자를 적어 보세요.

❶ (   ) 손가락 깨물어 안 아픈 손가락 없다.

❷ 세 살 버릇 (   ) 까지 간다.

❸ 말 한마디에 (   ) 냥 빚을 갚는다.

❹ (   ) 문이 불여일견 - '백번 듣는 것이 한 번 보는 것보다 못하다.'

❺ 미운 놈 떡 (   ) 더 준다.

❻ 서당 개 (   ) 년이면 풍월을 읊는다.

2. 위 (   )안에 들어갈 숫자들 중 큰 수부터 차례대로 써 보세요.

(1000 ,   ,   ,   ,   ,   )

3. 위 (   )안의 숫자들을 다 합한 숫자를 적어 보세요.

답 :

암호 풀기

사고력

손주에게 암호가 적힌 카드를 받았습니다. 힌트를 보고 문장을 완성해 보세요.

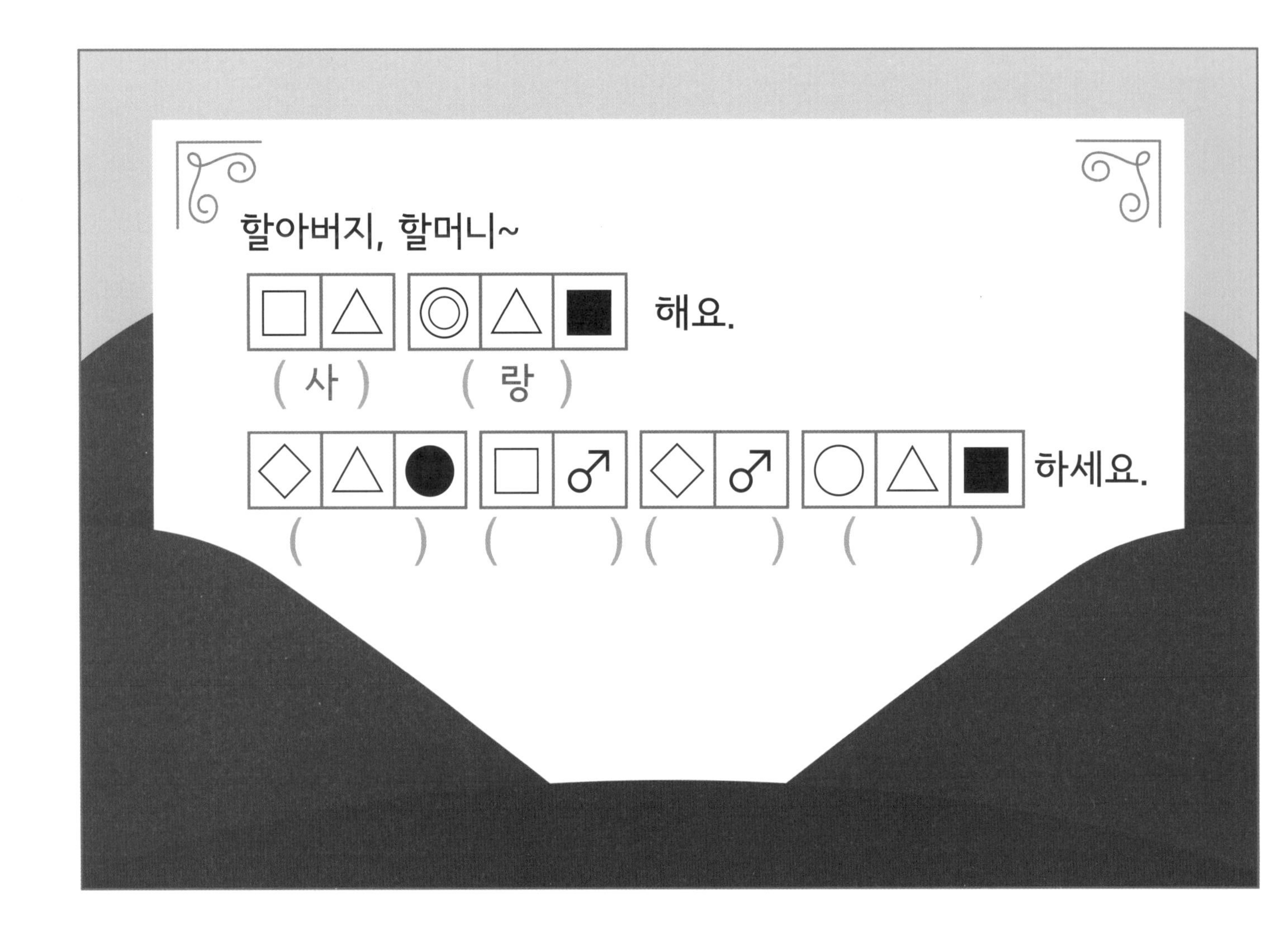

힌트

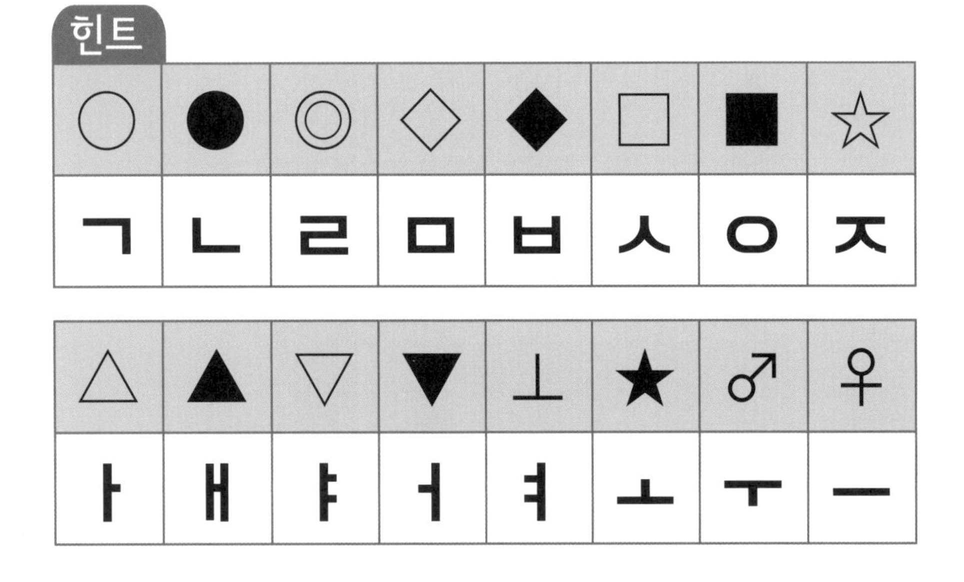

○	●	◎	◇	◆	□	■	☆
ㄱ	ㄴ	ㄹ	ㅁ	ㅂ	ㅅ	ㅇ	ㅈ

△	▲	▽	▼	⊥	★	♂	♀
ㅏ	ㅐ	ㅑ	ㅓ	ㅕ	ㅗ	ㅜ	ㅡ

숫자 퍼즐(스도쿠)

사고력

1~9까지의 숫자가 각각의 가로줄과 세로줄 안에 중복 없이 1번씩 들어가게 하려고 합니다. 빈칸에 알맞은 숫자를 써 보세요.

1	2		6		5	8	7	
	6	4	8	2		1		3
8	9	5	3		7		2	4
	3	7	1	8		4	9	2
2	1		5		4	7	8	6
6		8	9	7	2		3	1
4	8		2	5		9	1	7
3	7	1	4		8	2		5
	5	2	7	6	1		4	

앞뒤가 똑같은 단어

언어능력

'아시아'처럼 첫 글자와 끝 글자가 같은 단어를 가로, 세로, 대각선에서 모두 찾아 ○해 보세요. (보기 외 8개)

아	기	오	일	요	일	트
시	중	러	오	시	로	우
아	기	시	기	트	자	유
가	카	토	마	토	두	샛
수	스	시	자	가	오	별
트	위	이	요	디	국	똥
소	스	정	오	징	어	별

표지판 기억하기 ①

기 억 력

1. 다음 표지판을 잘 보고 어떤 표지판인지 말해 보세요.

위의 표지판들을 다시 한번 보고 각 표지판의 위치를 기억해 주세요. 4가지 표지판을 잘 기억하려면 어떤 방법을 사용할 수 있을지 생각해 보세요. (예: 그림으로 이야기 만들기, 초성으로 기억하기)

(다음 장으로 넘겨 주세요.)

표지판 기억하기 ②

2. 다음 중 앞장의 표지판들과 위치가 같은 표지판 묶음을 찾아 번호에 ○해 주세요. (※앞장을 보지 않고 답해 보세요.)

3. 앞장의 표지판을 잘 기억하기 위해 어떤 방법을 사용했는지 말해 보세요

물건 세는 단위 알기

언어능력·계산력

1. 다음 밑줄 친 단위의 수량을 각각 써 보고, 서로 같은 수량끼리 연결해 보세요.

한 <u>접</u>
(100)

한 <u>두름</u>
(　　)

한 <u>축</u>
(　　)

한 <u>켤레</u>
(　　)

한 <u>손</u>
(　　)

한 <u>톳</u>
(　　)

2. 위 (　　)안의 숫자를 모두 합해 적어 보세요.

규칙 찾기(김치)

사고력

1. 항아리와 김치가 놓여 있습니다. 어떤 규칙으로 놓여져 있는지 말해 보세요.

   규칙 : ________________

2. 아래 빈칸에 들어갈 김치의 이름을 적어 보세요.

김치 초성 퀴즈

언어능력

다음 초성을 보고 김치의 이름을 완성해 보세요.

보기

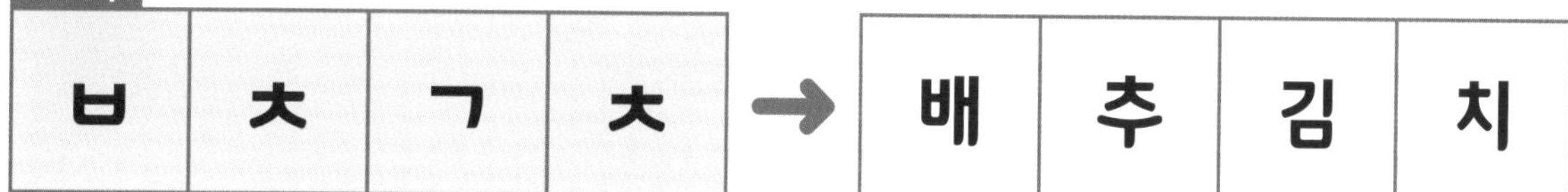

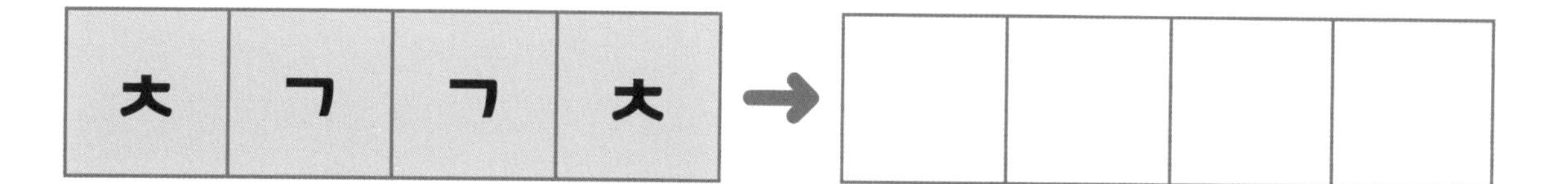

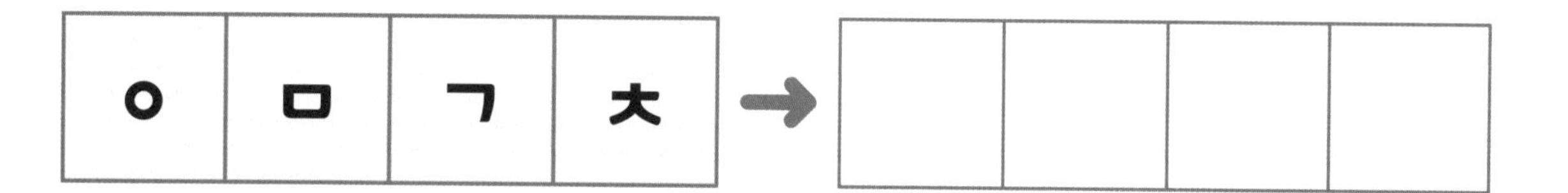

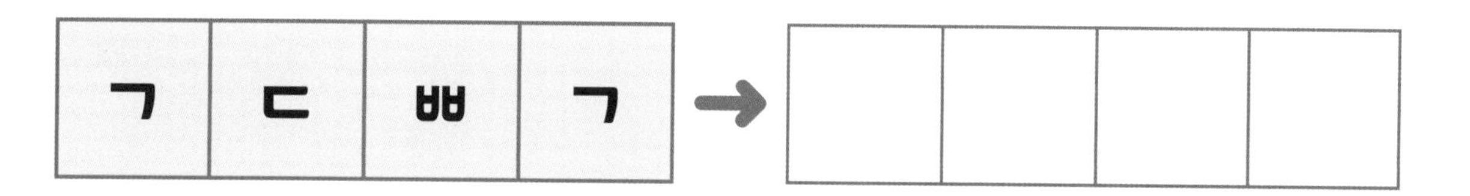

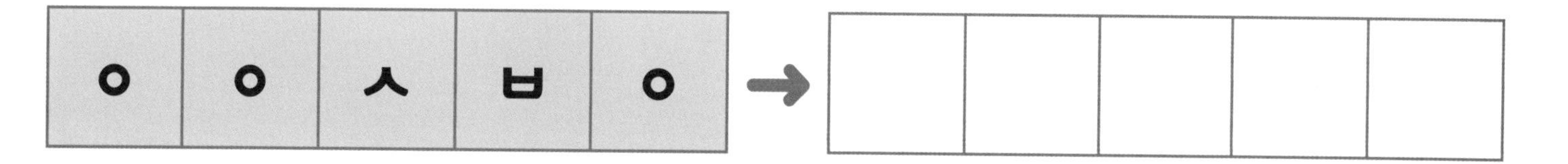

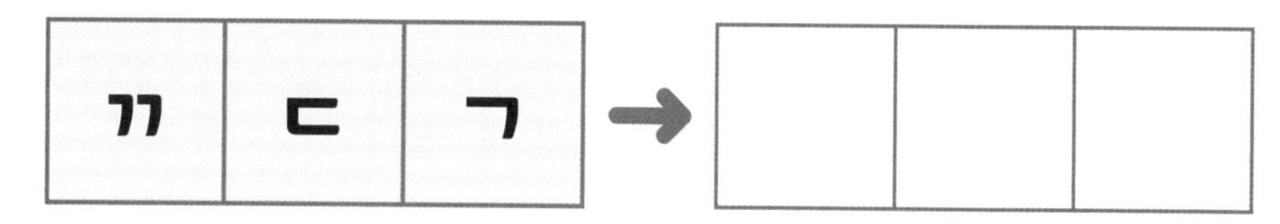

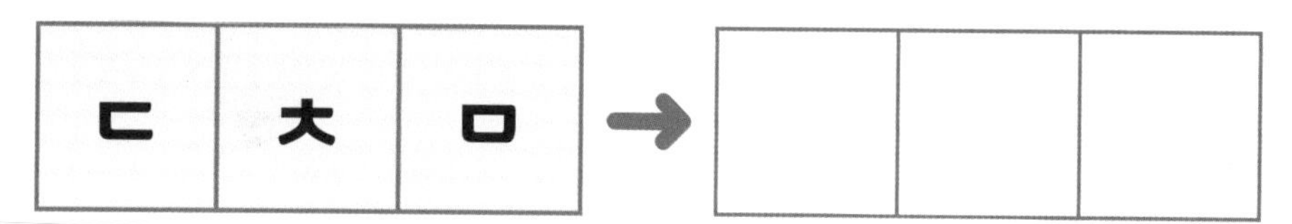

겹치지 않게 선 긋기

시지각능력

보기 처럼 같은 과일끼리 선을 그어 보세요.
(단, 선들끼리 서로 만나지 않고, 빈칸은 남지 않아야 합니다.)

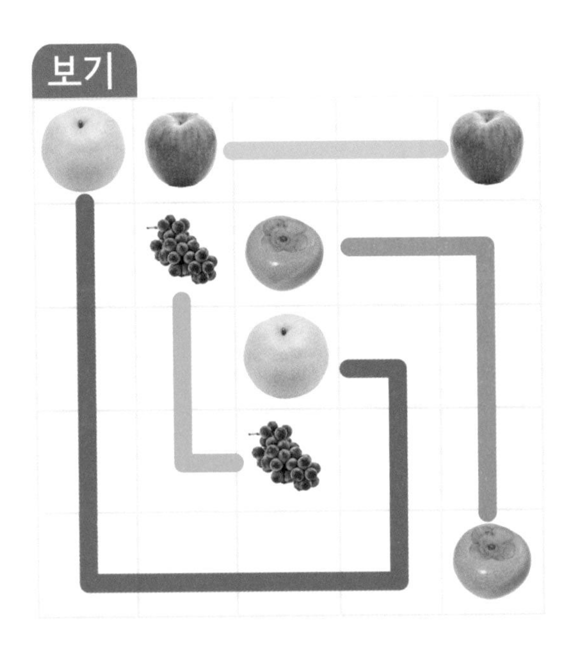

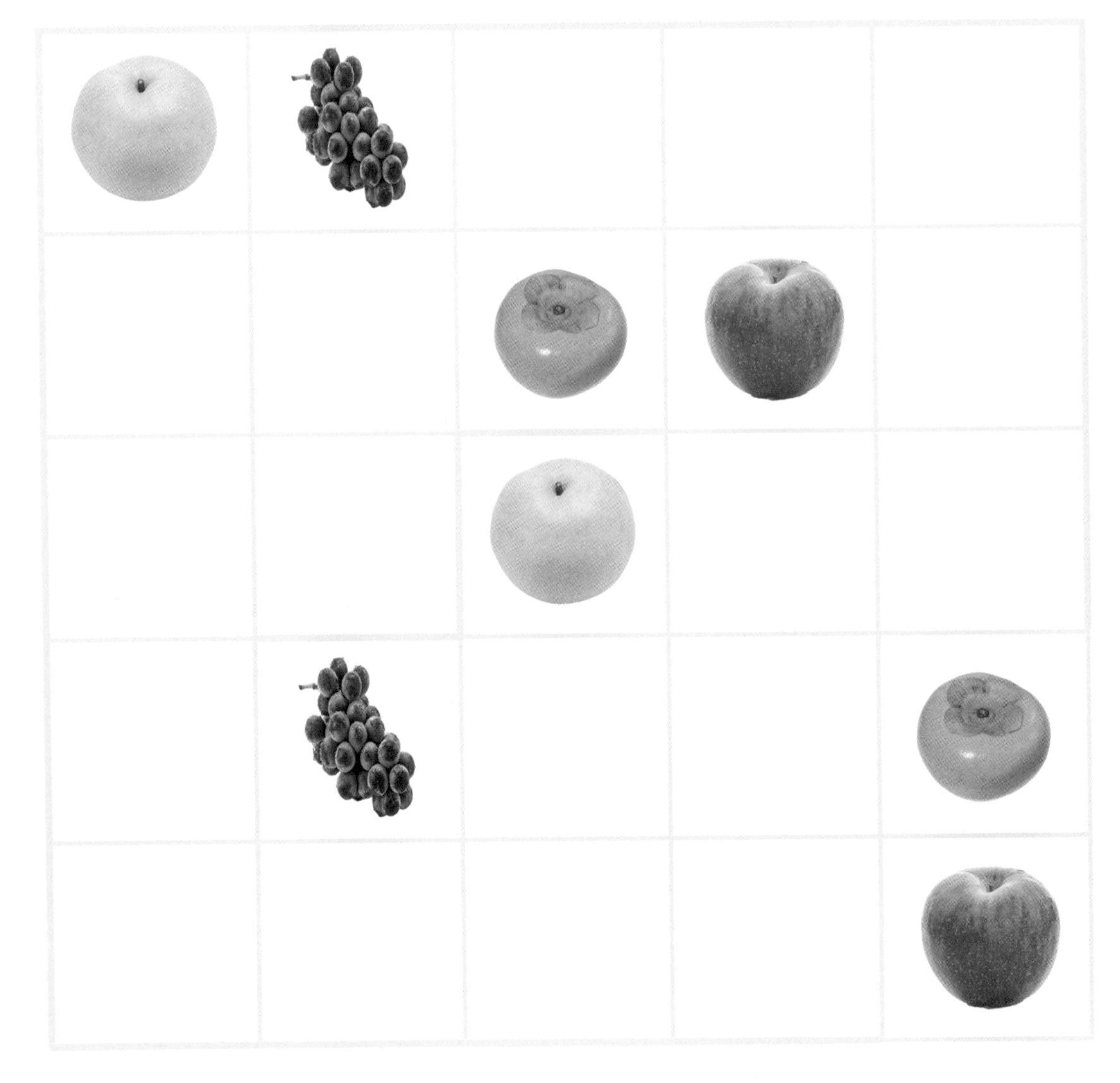

요금 계산하기

계산력

주말에 3대가 모여 놀이동산으로 소풍을 갔습니다. 요금표를 잘 보고, 아래 가족 인원수에 맞게 입장료를 계산해 보세요.

할아버지(68세) 할머니(64세)
아빠(38세) 엄마(36세)
지연(15세) 지윤(4세)

매표소

구분	어른	어린이(초등)	청소년(중·고등)
평일	**9,000**	**3,000**	**4,000**
주말	**10,000**	**4,000**	**5,000**

(단위: 원)

미취학 아동 무료
65세 어르신 무료
※유료 입장객 4인 이상-단체 10%할인

가족 총 입장료 : 원

다른 부분 찾기(장독)

주의집중력

아래 두 그림을 보고 서로 다른 부분을 찾아 2번 그림에 ○해 보세요. (6군데)

본색 찾기

사고력

다음 그림은 실물과 다르게 색이 입혀져 있습니다. 실제 사물의 색이 서로 같은 것끼리 연결해 보세요.

태극문양

병아리

고추잠자리

시금치

가을 은행잎

소방차

네잎 클로버

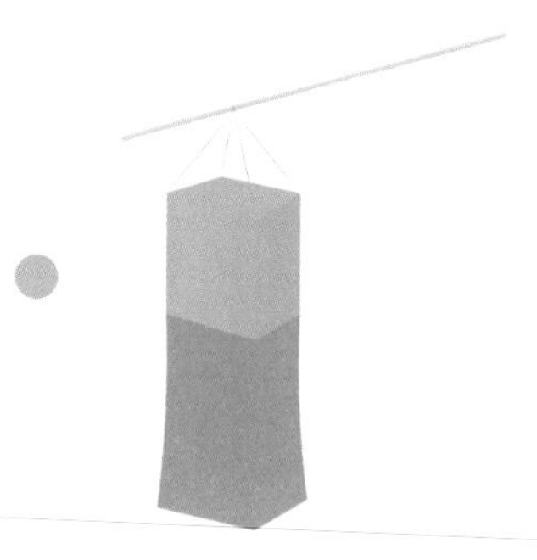

청사초롱

호랑이를 찾아라

주의집중력

보기 의 조각 그림 힌트를 잘 보고 호랑이의 전체 모습을 찾아 번호에 ○해 주세요.

보기

1

2

3

4

5

자리 찾기 게임

사고력

보기 와 같이 4가지 그림이 각각의 세로줄과 가로줄 안에 중복 없이 1번씩 들어가게 하려고 합니다. 부록에서 그림 카드를 떼어 빈칸을 채워 보세요.

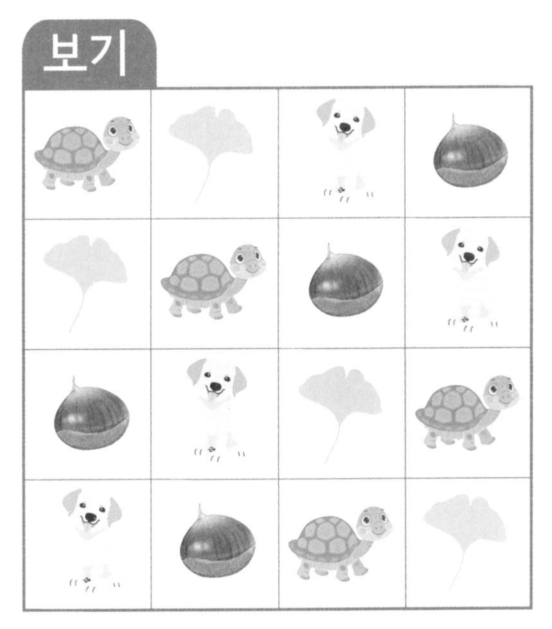

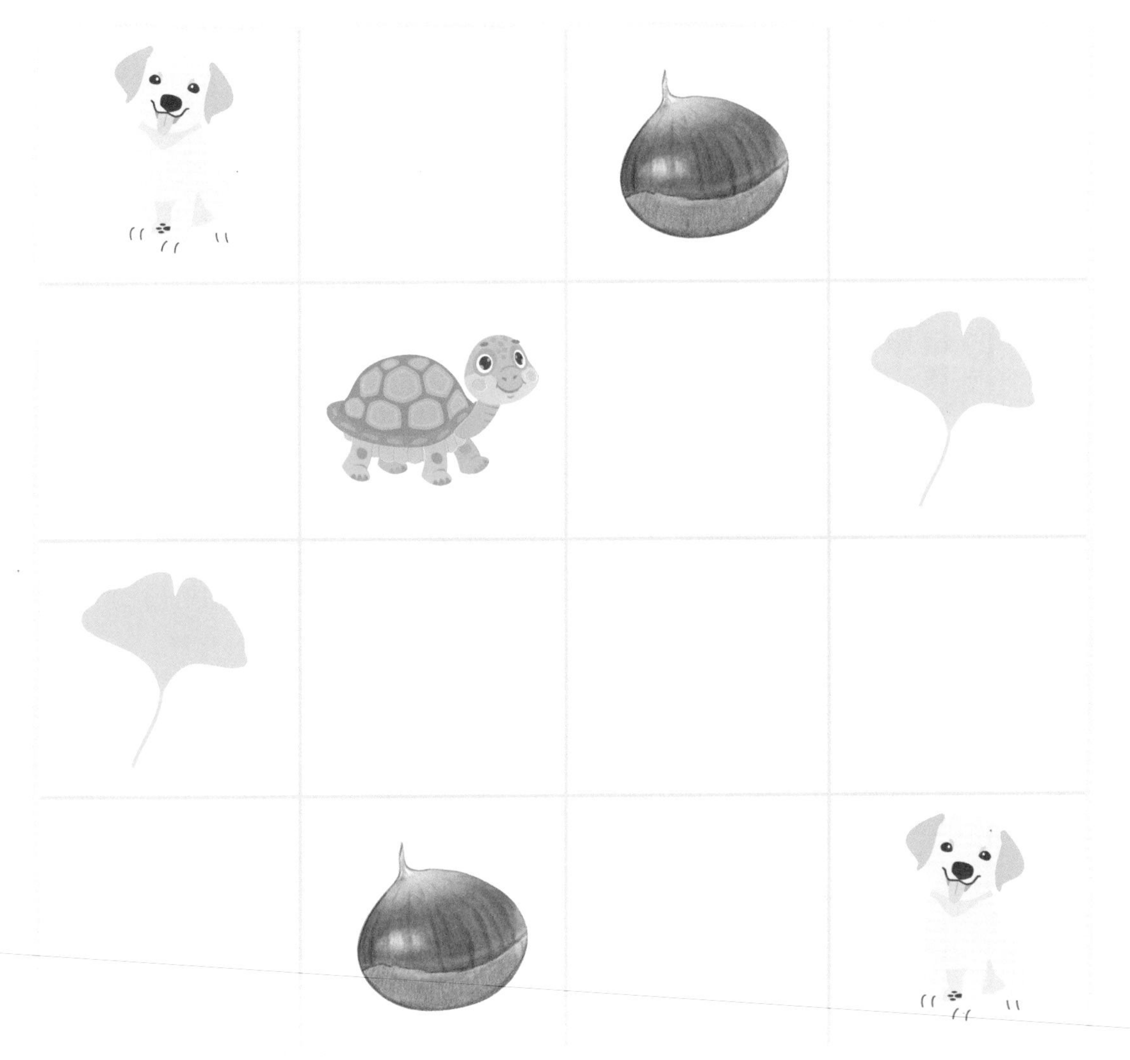

금액 계산하기

사고력 · 계산력

동전 10개로 크리스마스 엽서를 샀습니다. 4종류의 동전을 1개 이상 사용했다면 각각 몇 개씩 사용했는지 써 보세요.

850원

낱말 퍼즐

언어능력 · 지남력

1. 다음 보기 에서 낱말을 골라 퍼즐의 빈칸을 채워 보세요.

보기

고드름 군고구마 구세군냄비

난방비 동장군 스키장 크리스마스카드

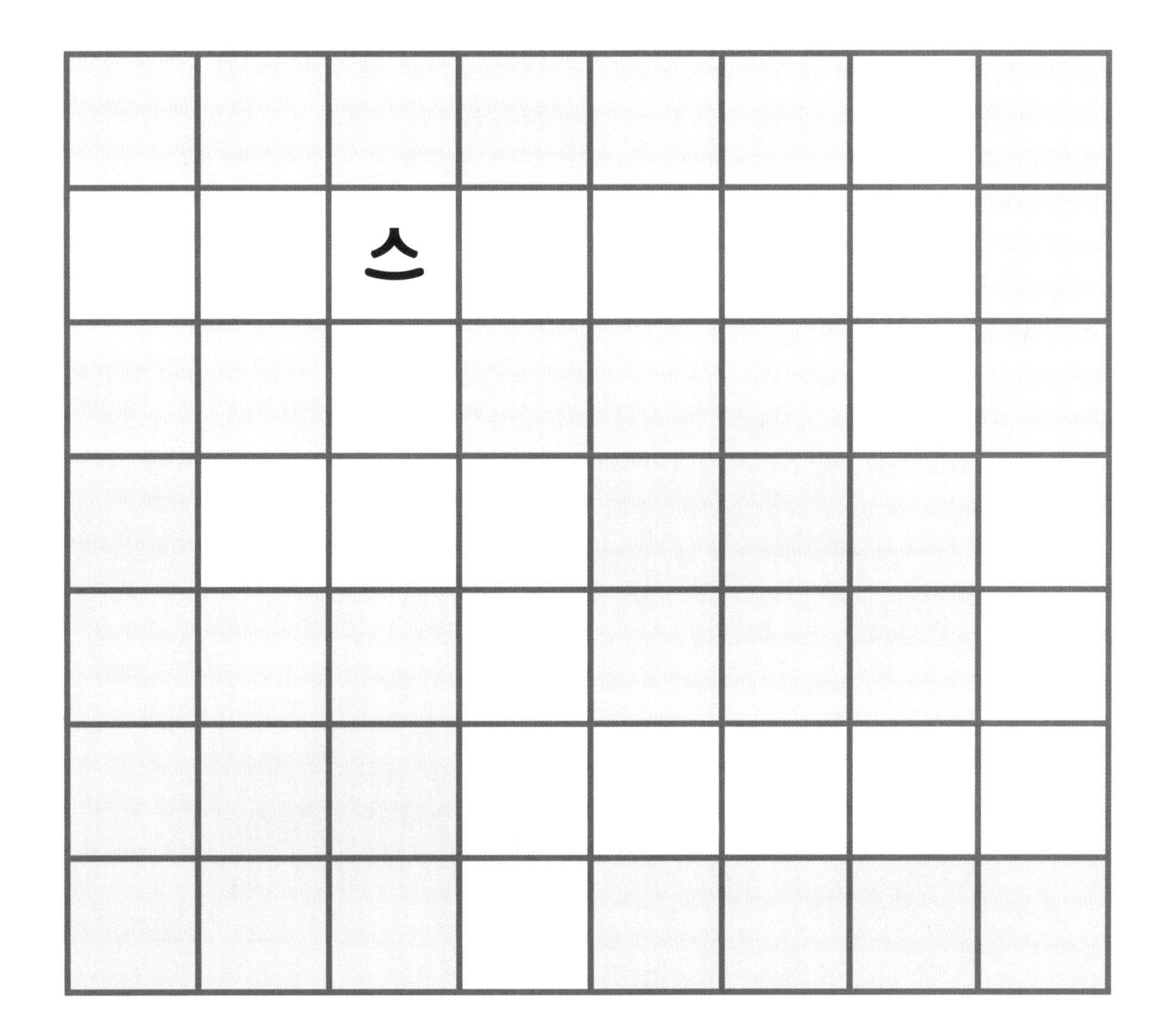

2. 위 낱말들이 공통적으로 연상되는 계절을 적어 보세요.

3. 보기 외에 2번의 계절에 연상되는 단어를 3가지 이상 찾아 보세요.

박 영감님 찾기

주의집중력

다음 그림에서 박 영감님을 찾아 ○해 보세요.

1. 박 영감님은 안경을 쓰지 않았습니다.
2. 박 영감님의 넥타이는 노란색입니다.
3. 박 영감님은 여성 뒷줄에 서 있습니다.
4. 박 영감님은 빨간색 넥타이와 노란색 넥타이를 하고 있는 사람 사이에 있습니다.

같은 문양 찾기

주의집중력

아래의 전체 타일판에서 보기 와 같이 '가, 나, 다' 문양을 1개씩 찾아 ○해 보세요.

제목 완성하기

언어능력

왼쪽의 그림은 우리나라 옛 이야기 속의 장면들입니다. 오른쪽의 단어 힌트를 보고 제목을 완성해 연결해 보세요.

● 흥부 ______

● 금도끼 ______

● 견우 ______

● 자린 ______

반쪽 찾기

시공간지각능력

다음 그림들이 절반씩 나타나 있습니다. 부록에서 조각을 떼어 그림이 완성되도록 빈칸을 채워 보세요. (※조각들을 돌려가며 맞춰 보세요.)

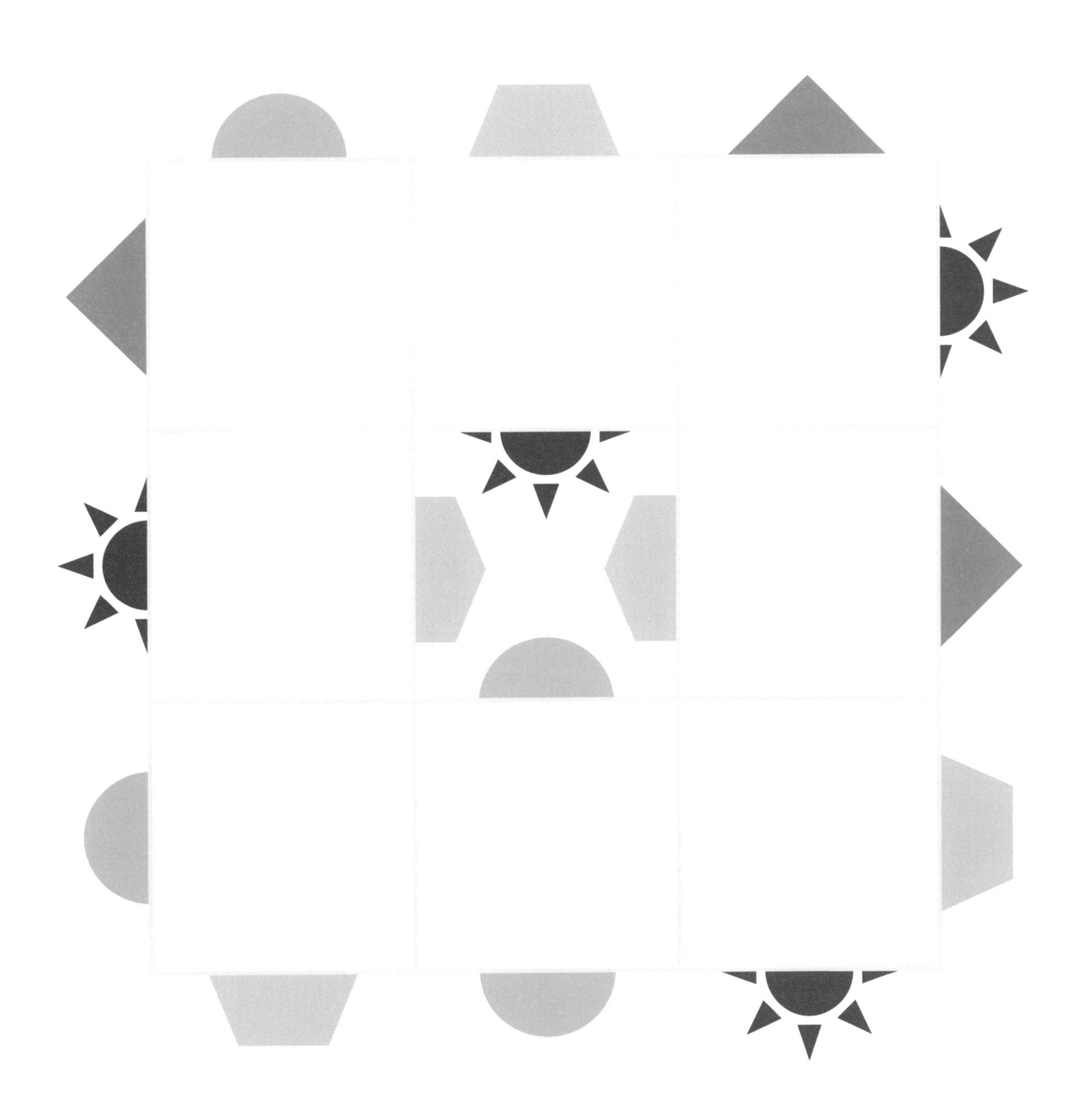

열두 띠 동물 찾기

언어능력

1. 아래 칸에서 열두 띠에 속하는 동물 이름을 가로 또는 세로로 찾아 ○하
   보세요. (보기 포함 10개)

식	대	파	사	장	명
옹	호	랑	이	발	소
고	향	수	다	돼	금
양	말	보	람	지	요
이	모	용	쥐	모	코
발	닭	기	다	래	끼
원	숭	이	개	나	리

2. 열두 띠 동물 중 위에 나오지 않은 동물 이름을 써 보세요.

답 : ________________ , ________________

3. 위 동물 중 어린 새끼를 '~아지'로 부르는 동물 이름을 모두 써 보세요.

답 : ________________________________

유추해서 계산하기

사고력·계산력

다음 보기 의 수식을 잘 보고, 무엇에 대한 계산인지 유추한 다음 문제를 풀어 보세요.

보기

❶ + + =

❷ + − =

❸ x + =

❹

틀린 속담 고치기 Ⅱ

언어능력

다음 보기 와 같이 속담의 잘못된 부분을 바르게 고쳐 보세요.

보기

1. 오리 쫓던 개 지붕 쳐다본다.

→ 닭 쫓던 개 지붕 쳐다본다.

1. 호랑이도 나무에서 떨어진다.

→

2. 비둘기 대신 닭

→

3. 우물 안 올챙이

→

4. 토끼 잃고 외양간 고친다.

→

숨은 그림 찾고 기억하기

주의집중력·기억력

1. 다음 그림에서 숨은 그림 9개를 찾아 ○해 주세요.
   (※먼저, 보기 에 있는 단어들을 가린 후 찾아 보세요.)

보기

가오리연　바지　오리　삼각자

국자　아이스크림　왕관　반지　거북이

위 숨은 그림들을 다시 한번 보고, 기억해 주세요. 위 그림들을 잘 기억하려면 어떤 방법을 사용할 수 있을지 생각해 보세요.

(다음 장으로 넘겨 주세요.)

숨은 그림 기억하기

기억력

2. 앞장의 그림을 떠올려 보며, 숨은 그림 9개를 적어 보세요.

3. 앞장의 숨은 그림들을 기억하기 위해 어떤 방법을 사용했는지 말해 보세요.

- 숨은 그림의 이름을 첫글자로 기억한다. (가바 오삼국 왕반거아)
- 숨은 그림의 종류별로 기억한다. (동물- 오리, 거북이/ 음식- 아이스크림/ 기타- 왕관, 반지, 바지, 국자, 삼각자, 가오리연)
- 이야기를 만들어 기억한다. (바지를 입고 반지에 왕관을 쓰고, 거북이를 탈까 오리를 탈까 가오리연처럼 훨훨 날아갈까 생각하다가, 국자로 아이스크림을 떠서 삼각자 모양 콘에 담아 먹었다.)

위아래 구분하기

시공간지각능력

나무 막대가 흐트러진 채 쌓여 있습니다. 그림을 잘 보고 물음에 답해 보세요.

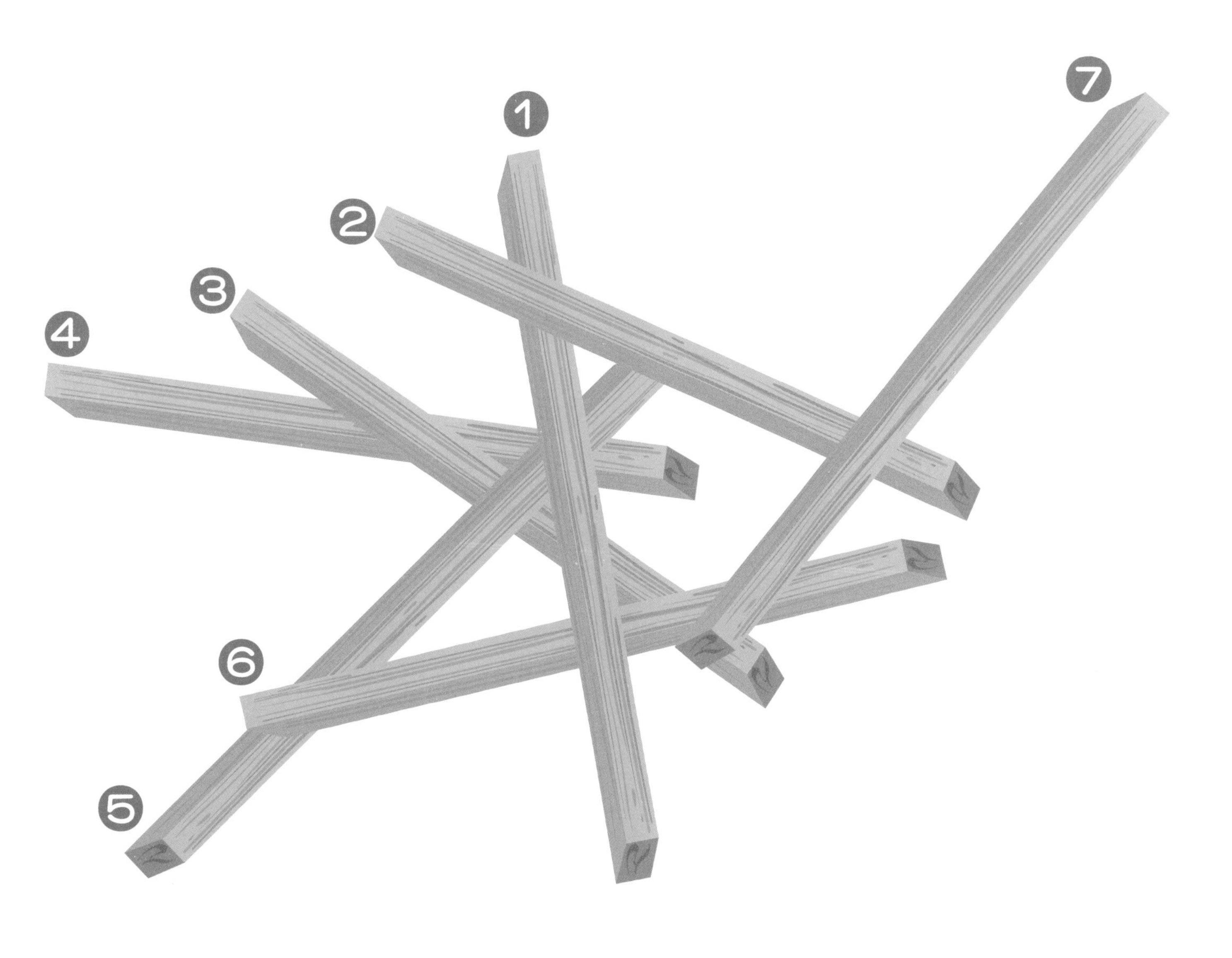

1. 제일 밑에 있는 것부터 차례대로 막대의 번호를 적어 보세요.

답 :

2. 위에서 세 번째에 있는 나무 막대는 몇 번인가요? **번**

겹쳐진 그림 찾기

시지각능력

여러 가지 그림들이 겹쳐져 있습니다. 어떤 그림이 있는지 말해 보세요.

(당나귀 외 5개)

답 :

분류하고 기억하기 ①

언어능력 · 기억력

1. 다음 동물들의 이름을 말해 보고 기준을 정하여 2종류로 나누어 묶어 보세요.

범주(묶음) 1	범주(묶음) 2

2. 위 동물들을 어떤 기준으로 나누었는지 말해 보세요.

위 동물들을 다시 한번 잘 보고 기억해 주세요.

(다음 장으로 넘겨 주세요.)

분류하고 기억하기 ②

기억력

3. 앞장의 동물 6마리를 기억해 보고, 앞에서 나눈 대로 아래 칸에 적어 보세요.

범주(묶음) 1	범주(묶음) 2

4. 위에서 사용한 방법 외에 앞장의 동물들을 또 어떻게 나눌 수 있을지 말해 보세요.

조각 맞추기

시공간지각능력

1. 부록에서 퍼즐 조각을 떼어 먼저 아래 원의 왼쪽을 채워 보세요.
   남은 조각으로 원의 오른쪽을 왼쪽 모양과 대칭이 되도록 채워 보세요.

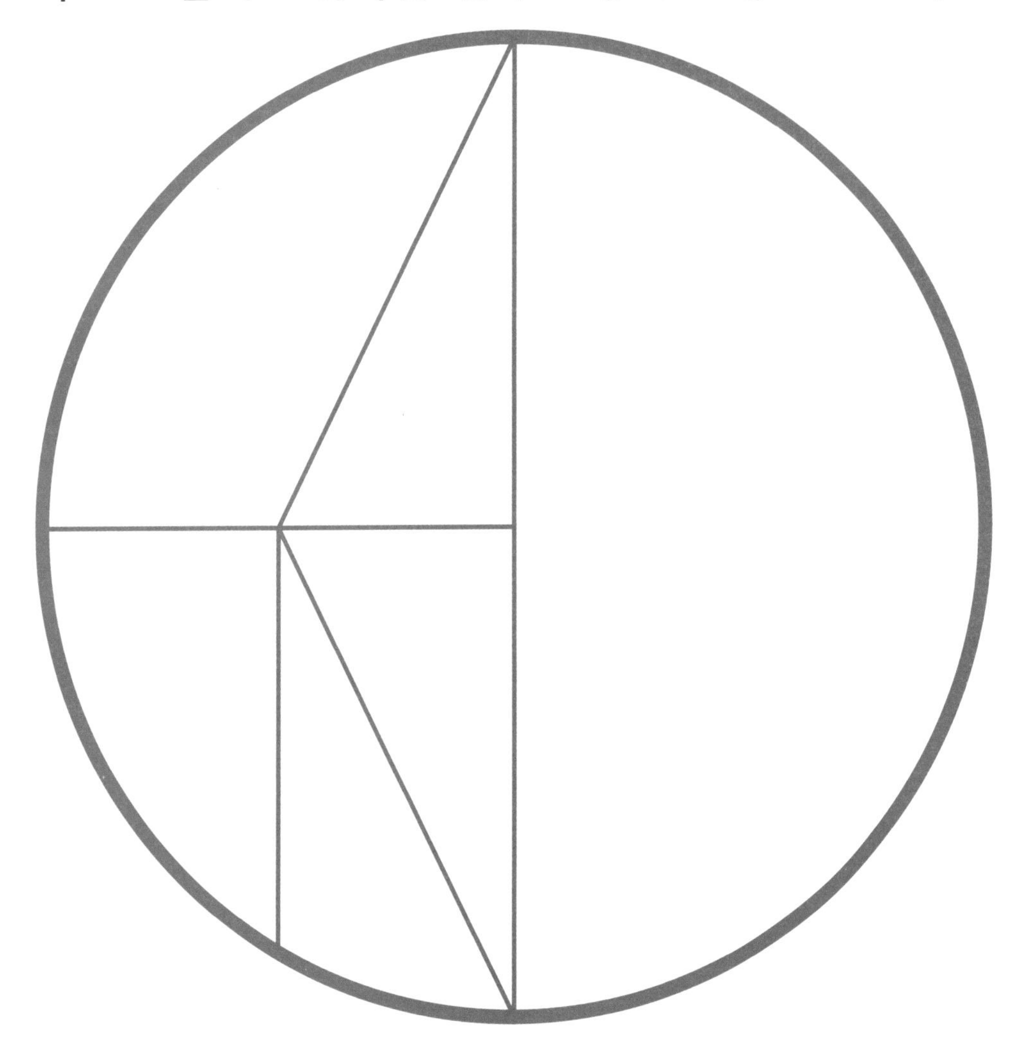

2. 떼어 낸 퍼즐 조각으로 다음 모양을 만들어 보세요.

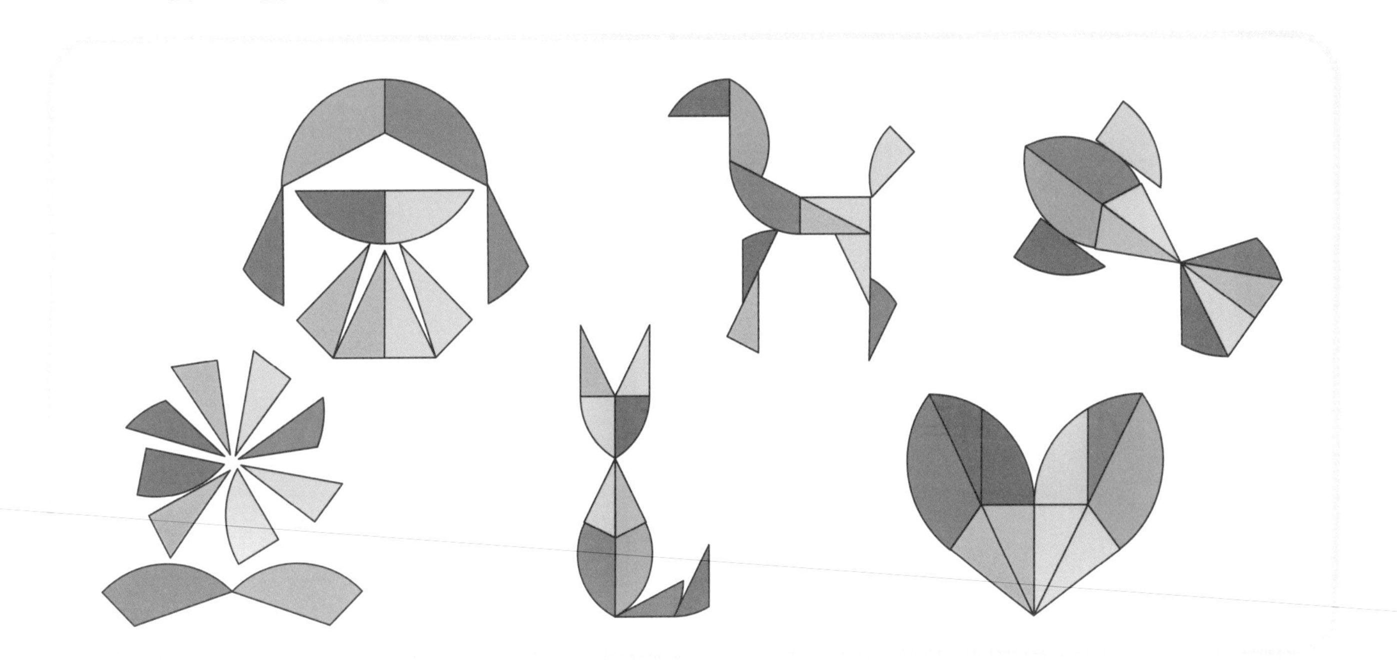

어울리는 말 찾기

언어능력

겨울의 풍경과 느낌을 떠올리면서 빈칸에 어울리는 말을 보기 의 초성에서 찾아 완성해 보세요.

보기

ㅅㅂㅅㅂ	ㅇㅅㅇㅅ	ㄸㄲㄸㄲ
ㅈㄹㅈㄹ	ㅁㄹㅁㄹ	ㅍㅅㅍㅅ

1. 지붕 위로 눈이 ___소복소복___ 쌓입니다.
2. 처마 끝에 고드름이 ________ 달렸습니다.
3. 몸살이 나면 몸이 ________ 떨립니다.
4. 추운 겨울이 되면 ________ 한 아랫목이 그립습니다.
5. 새로 산 솜이불은 ________ 하고 따뜻합니다.
6. 떡국에서 김이 ________ 납니다.

위에서 본 모양 찾기

시공간지각능력

4개의 색동 피라미드를 위에서 본 그림을 아래에서 찾아 번호에 ○해 보세요.

좌우가 바뀐 그림 연결하기

시공간지각능력

왼쪽의 연필 더미를 잘 보고 좌우가 바뀐 그림을 찾아 연결해 보세요.

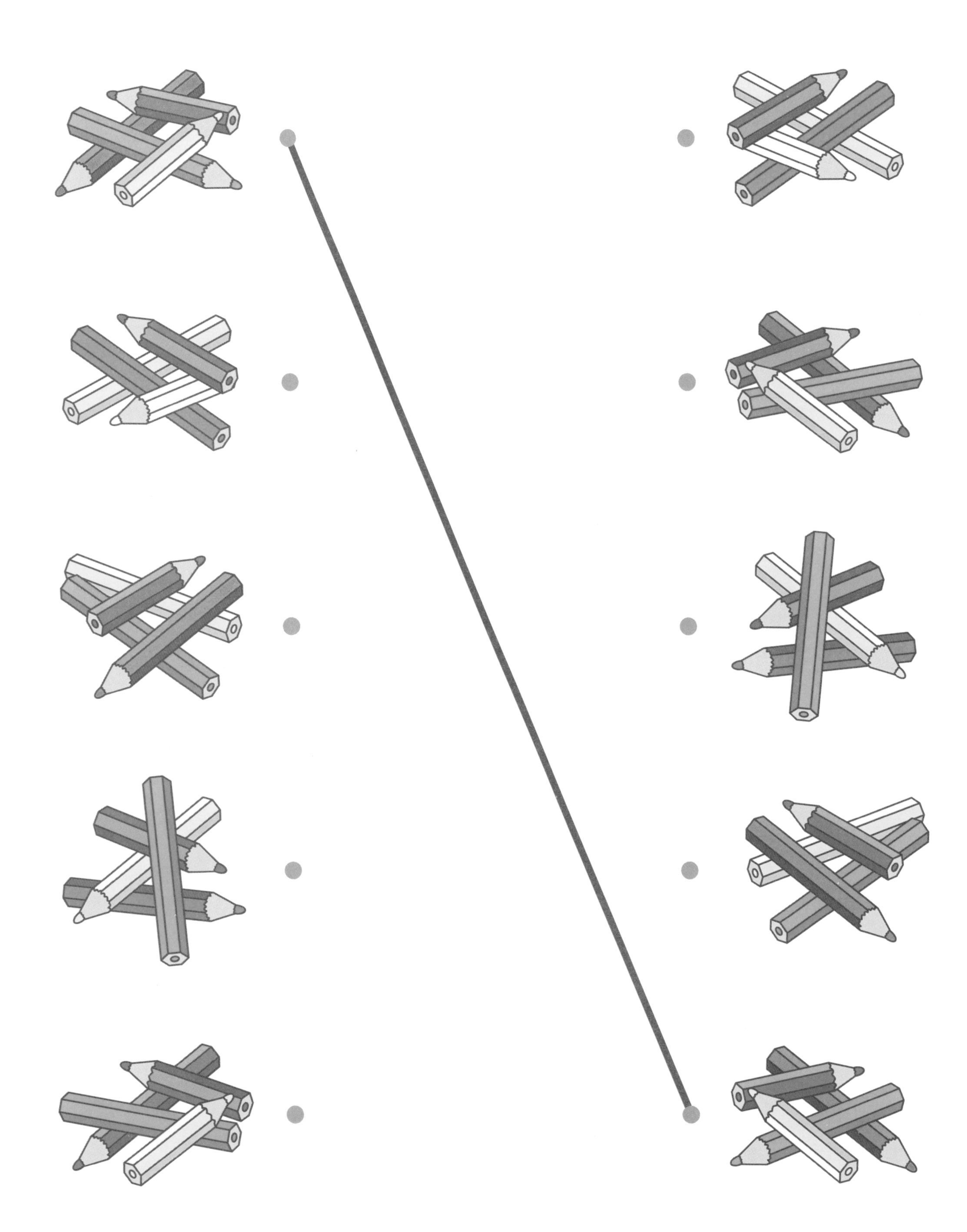

신발 위치 기억하기 ①

언어능력·기억력

1. 신발장에 어떤 신발들이 들어있는지 말해 보세요.

2. 신발들의 이름과 위치를 잘 기억해 주세요.

위 신발들을 잘 기억하려면 어떤 방법을 사용하면 좋을지 생각해 보세요.

(다음 장으로 넘겨 주세요.)

신발 위치 기억하기 ②

3. 앞장에 똑같은 신발이 2켤레 있었습니다. 어떤 신발이었나요?

4. 신발이 있던 자리에 모두 ○해 보세요.

5. 앞장에서 보았던 신발의 이름을 모두 써 보세요.

6. 신발의 위치를 기억하기 위해 어떤 방법을 사용했는지 말해 보세요.

나물 초성 퀴즈

언어능력

다음 초성을 보고 나물의 이름을 완성해 보세요.

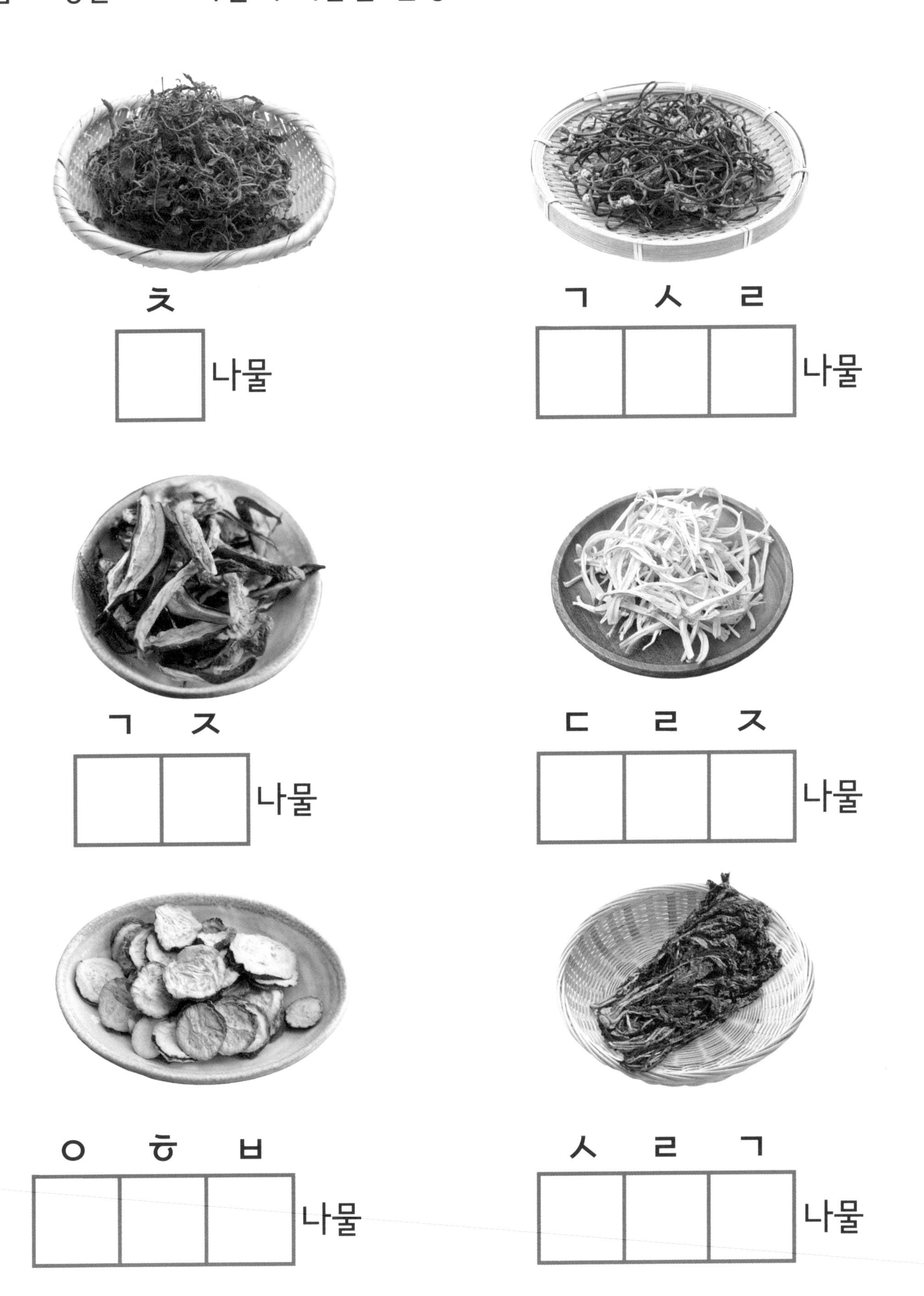

어색한 부분 찾기

주의집중력

우리나라 전통놀이입니다. 그림에서 어색한 부분을 <u>한군데</u>씩 찾아 ○해 보세요.

1

2

3

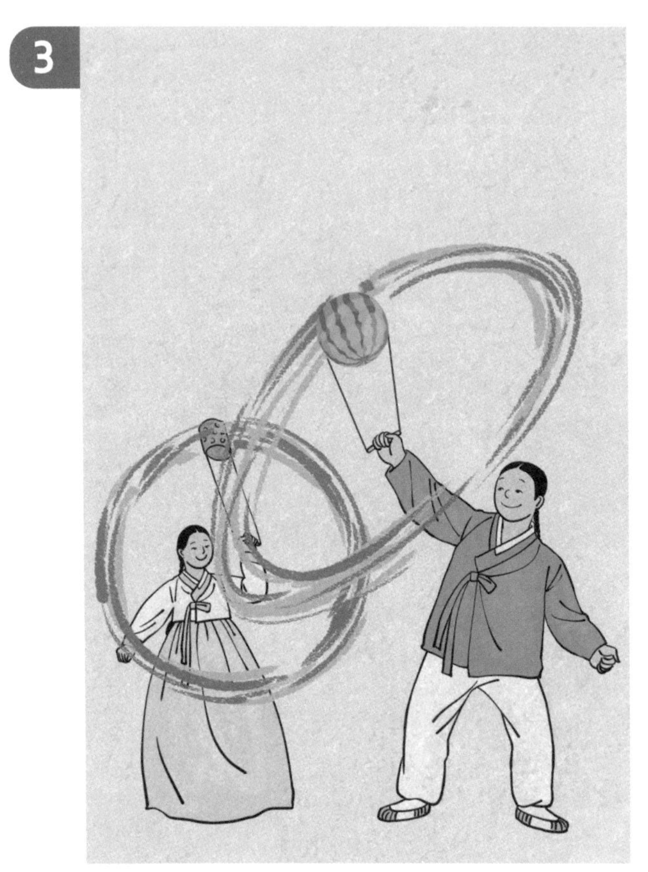

4

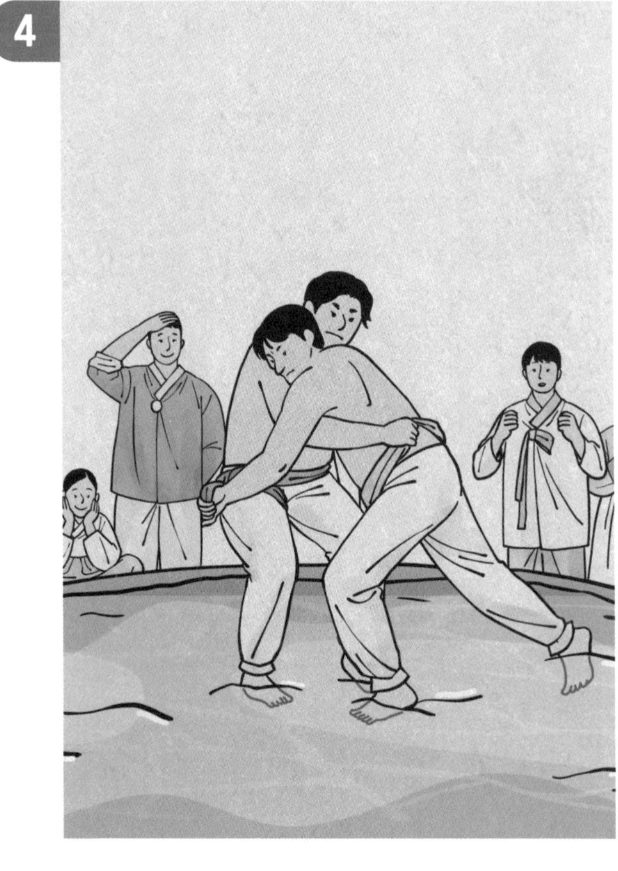

명절 날짜 알기

지남력

다음 명절과 세시풍속의 음력 날짜를 써 보고 어울리는 그림을 찾아 선을 그어 보세요.

정월대보름

(음력 1 월 15 일)

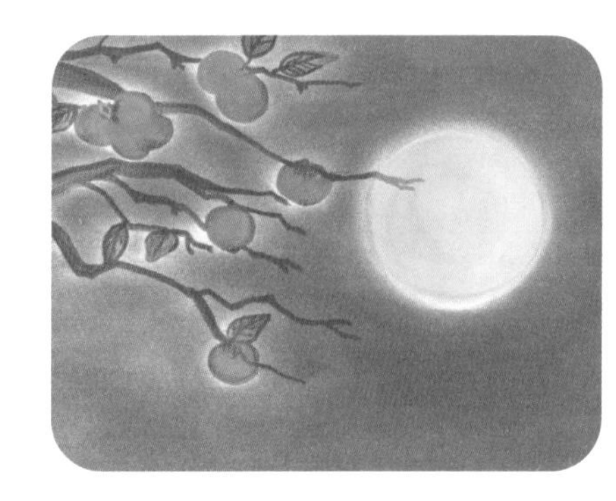

추석

(음력____월____일)

단오

(음력____월____일)

삼짇날

(음력____월____일)

설날

(음력____월____일)

나를 소개합니다

언어능력

다음의 문장을 채우며 나를 소개해 보세요.

- 내 이름은 ________________
- 내 고향은 ________________
- 내가 지금 살고 있는 곳은 ________________
- 내가 좋아하는 음식은 ________________
- 오늘 먹은 음식은 ________________
- 나의 어릴 적 꿈은 ________________
- 나는 젊었을 때 ________________

  그때 나는 참 ________________
- 내가 행복할 때는 ________________
- 여행 중 가장 좋았던 곳은 ________________

  왜냐하면 ________________
- 요즘 나의 관심사는 ________________
- 내가 가장 사랑하는 사람은 ________________
- 내가 가장 받고 싶은 선물은 ________________
- 내가 가장 바라는 소원은 ________________

패턴 기억하기 ①

시공간지각능력·기억력

1. 다음 휴대폰의 패턴 모양을 잘 보고 오른쪽에 따라 그려 보세요.

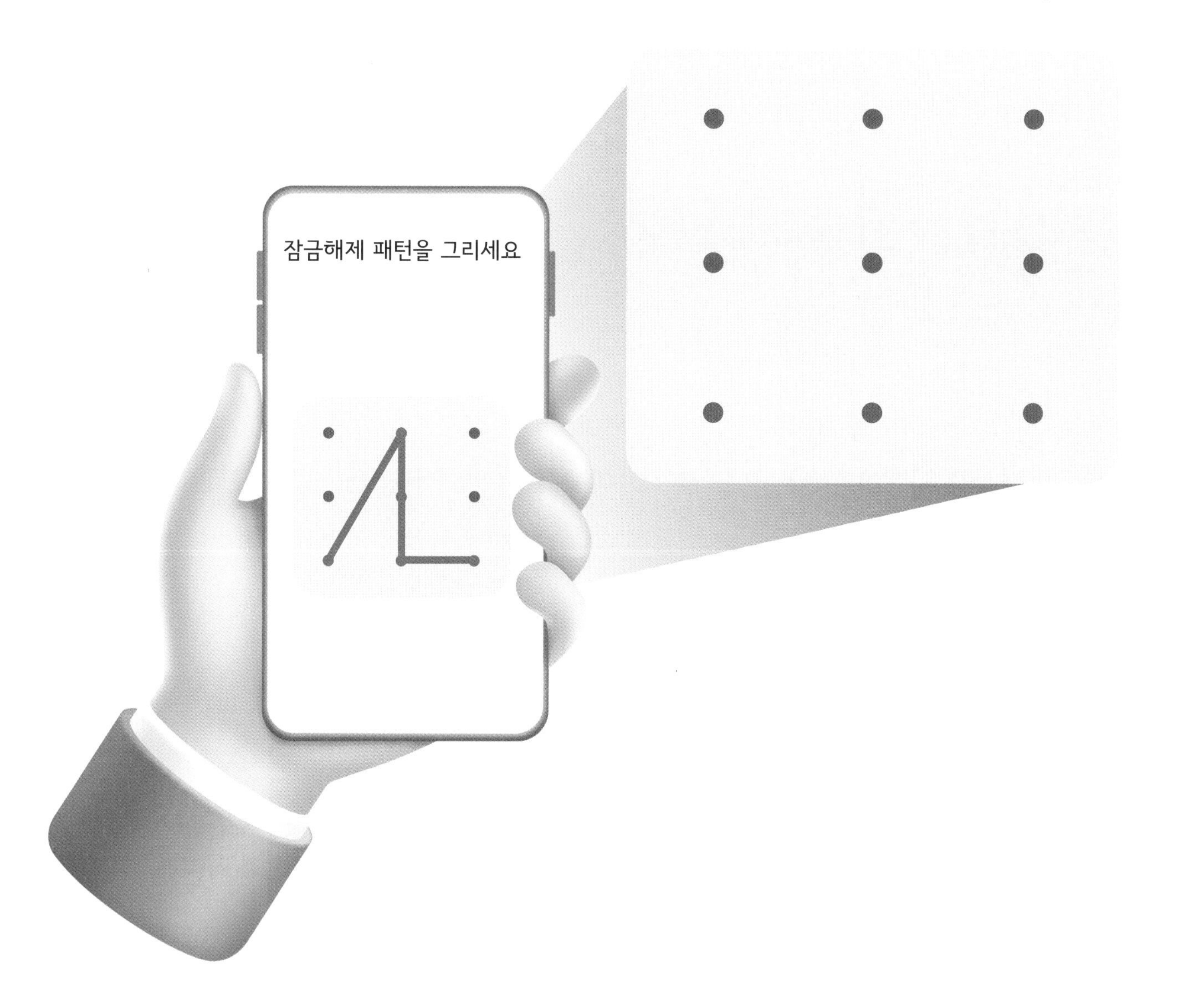

위 패턴 모양을 다시 한번 보고 잘 기억해 보세요. 모양을 잘 기억하려면 어떤 방법을 사용할 수 있을지 생각해 보세요.
(다음 장으로 넘겨 주세요.)

패턴 기억하기 ②

시공간지각능력·기억력

2. 앞장의 휴대폰 패턴 모양을 떠올려 보고, 아래에 그려 보세요.
   (※앞장을 보지 않고 그려 보세요.)

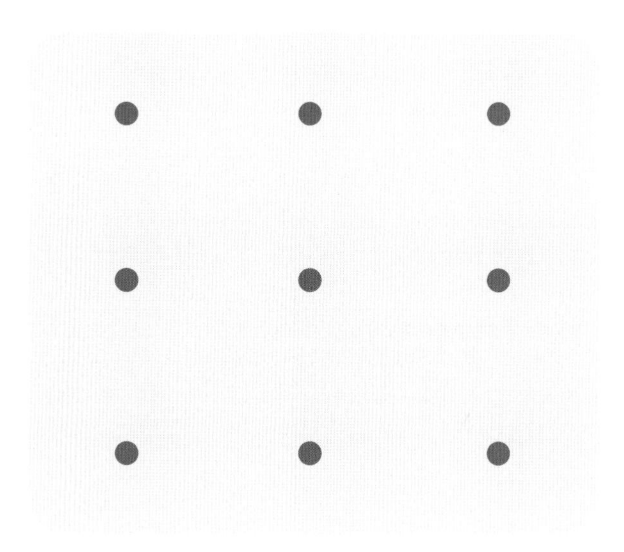

3. 패턴 모양을 잘 기억하기 위해 어떤 방법을 사용했는지 말해 보세요.

4. 본인이 사용하고 있거나 만들고 싶은 패턴 모양을 그려 넣어 보세요.

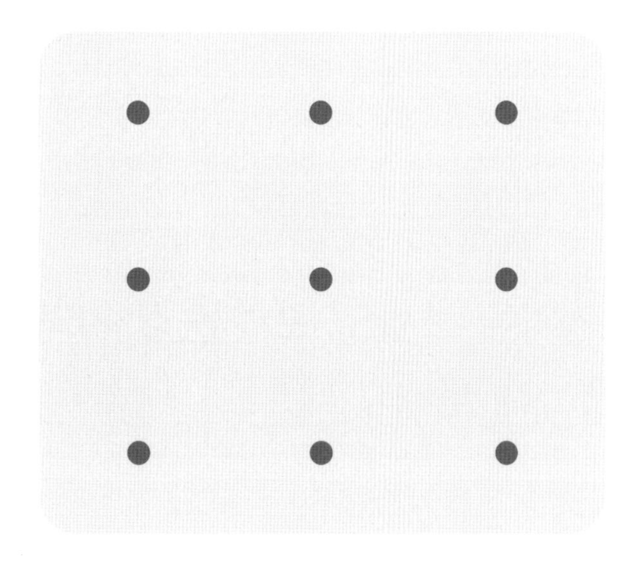

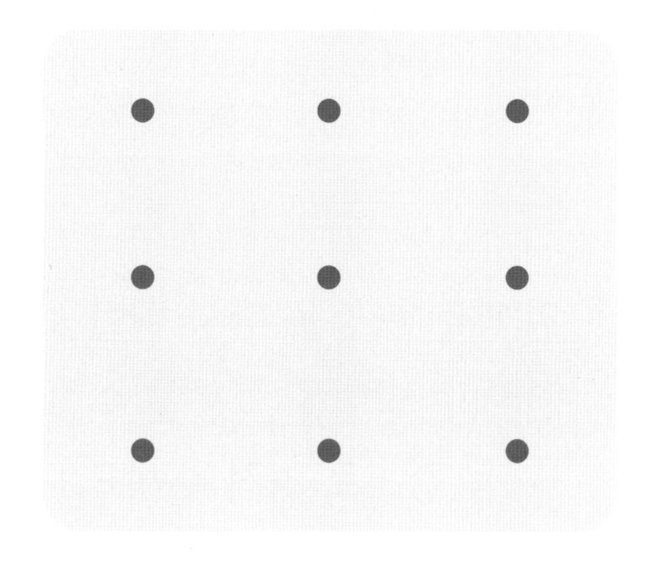

정답지

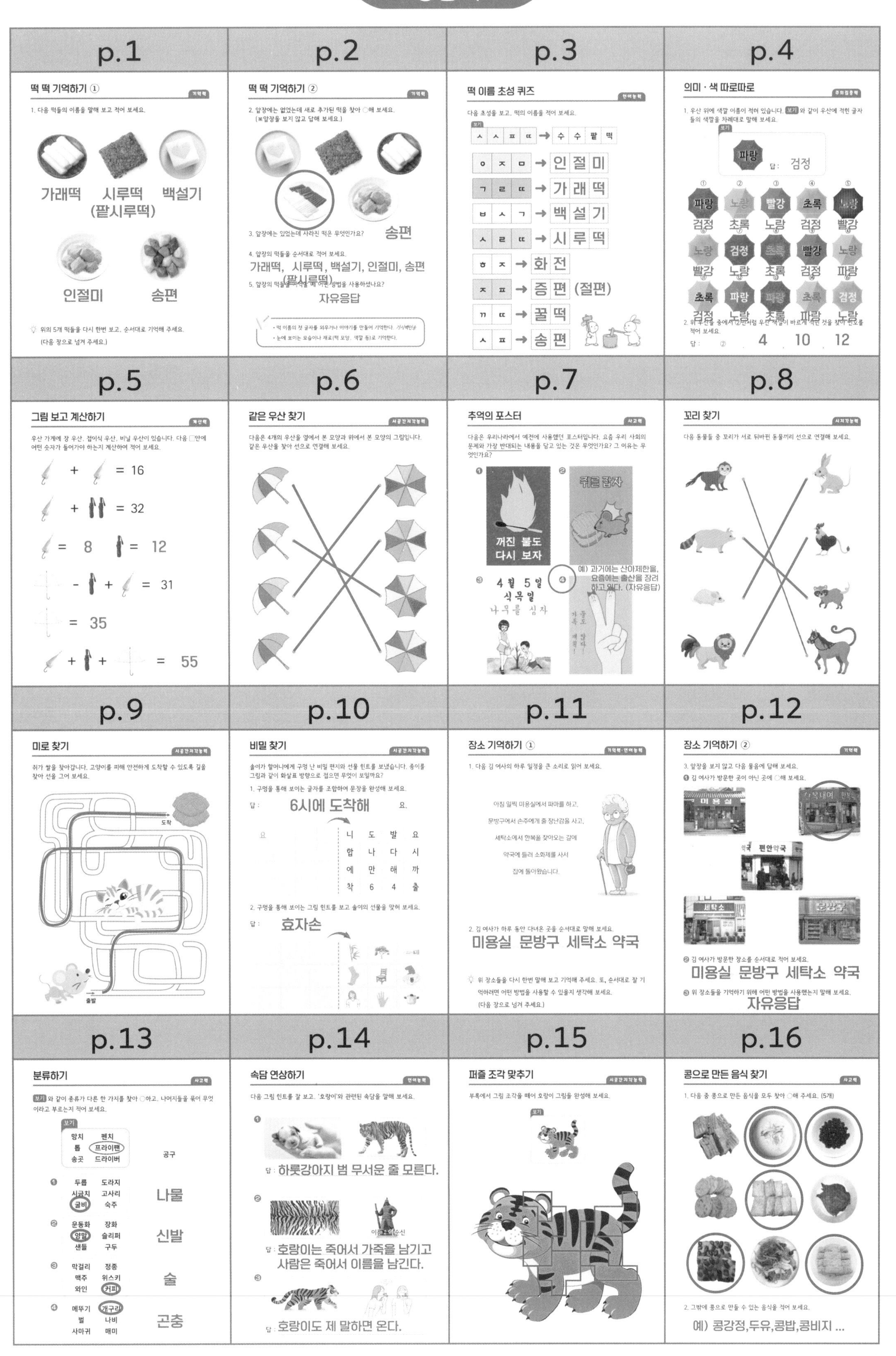

p.1

떡 떡 기억하기 ①

1. 다음 떡들의 이름을 말해 보고 적어 보세요.

가래떡 시루떡 (팥시루떡) 백설기

인절미 송편

위의 5개 떡들을 다시 한번 보고, 순서대로 기억해 주세요.
(다음 장으로 넘겨 주세요.)

p.2

떡 떡 기억하기 ②

2. 앞장에는 없었는데 새로 추가된 떡을 찾아 ○해 보세요.
(※앞장을 보지 않고 답해 보세요.)

3. 앞장에는 있었는데 사라진 떡은 무엇인가요? 송편

4. 앞장의 떡들을 순서대로 적어 보세요.
가래떡, 시루떡(팥시루떡), 백설기, 인절미, 송편

5. 앞장의 떡들을 기억할 때 어떤 방법을 사용하셨나요?
자유응답

p.3

떡 이름 초성 퀴즈

다음 초성을 보고, 떡의 이름을 적어 보세요.

보기: ㅅ ㅅ ㅍ ㄸ → 수 수 팥 떡

ㅇ ㅈ ㅁ → 인 절 미

ㄱ ㄹ ㄸ → 가 래 떡

ㅂ ㅅ ㄱ → 백 설 기

ㅅ ㄹ ㄸ → 시 루 떡

ㅎ ㅈ → 화 전

ㅈ ㅍ → 증 편 (절편)

ㄲ ㄸ → 꿀 떡

ㅅ ㅍ → 송 편

p.4

의미 · 색 따로따로

1. 우산 위에 색깔 이름이 적혀 있습니다. 보기와 같이 우산에 적힌 글자들의 색깔을 차례대로 말해 보세요.

보기: 파랑 답: 검정

① 검정 ② 초록 ③ 노랑 ④ 검정 ⑤ 빨강

⑥ 빨강 ⑦ 노랑 ⑧ 초록 ⑨ 검정 ⑩ 파랑

⑪ 검정 ⑫ 노랑 ⑬ 초록 ⑭ 파랑 ⑮ 노랑

2. 위 우산들 중에서 ②번처럼 우산 색깔이 바르게 적힌 것을 찾아 번호를 적어 보세요.

답: ② 4 10 12

p.5

그림 보고 계산하기

우산 가게에 장 우산, 접이식 우산, 비닐 우산이 있습니다. 다음 □안에 어떤 숫자가 들어가야 하는지 계산하여 적어 보세요.

+ = 16

+ = 32

= 8 = 12

- + = 31

= 35

+ + = 55

p.6

같은 우산 찾기

다음은 4개의 우산을 옆에서 본 모양과 위에서 본 모양의 그림입니다. 같은 우산을 찾아 선으로 연결해 보세요.

p.7

추억의 포스터

다음은 우리나라에서 예전에 사용했던 포스터입니다. 요즘 우리 사회의 문제와 가장 반대되는 내용을 담고 있는 것은 무엇인가요? 그 이유는 무엇인가요?

꺼진 불도 다시 보자

쥐를 잡자

4월 5일 식목일 나무를 심자

예) 과거에는 산아제한을, 요즘에는 출산을 장려하고 있다. (자유응답)

p.8

꼬리 찾기

다음 동물들 중 꼬리가 서로 뒤바뀐 동물끼리 선으로 연결해 보세요.

p.9

미로 찾기

쥐가 쌀을 찾아갑니다. 고양이를 피해 안전하게 도착할 수 있도록 길을 찾아 선을 그어 보세요.

도착

출발

p.10

비밀 찾기

1. 구멍을 통해 보이는 글자를 조합하여 문장을 완성해 보세요.

답: 6시에 도착해 요.

니	도	발	요
합	나	다	시
에	만	해	까
착	6	4	출

2. 구멍을 통해 보이는 그림 힌트를 보고 솔이의 선물을 맞혀 보세요.

답: 효자손

p.11

장소 기억하기 ①

1. 다음 김 여사의 하루 일정을 큰 소리로 읽어 보세요.

아침 일찍 미용실에서 파마를 하고,
문방구에서 손주에게 줄 장난감을 사고,
세탁소에서 한복을 찾아오는 길에
약국에 들러 소화제를 사서
집에 돌아왔습니다.

2. 김 여사가 하루 동안 다녀온 곳을 순서대로 말해 보세요.
미용실 문방구 세탁소 약국

위 장소들을 다시 한번 말해 보고 기억해 주세요. 또, 순서대로 잘 기억하려면 어떤 방법을 사용할 수 있을지 생각해 보세요.
(다음 장으로 넘겨 주세요.)

p.12

장소 기억하기 ②

3. 앞장을 보지 않고 다음 물음에 답해 보세요.

❶ 김 여사가 방문한 곳이 아닌 곳에 ○해 보세요.

미용실 편안약국 세탁소 문방구

❷ 김 여사가 방문한 장소를 순서대로 적어 보세요.
미용실 문방구 세탁소 약국

❸ 위 장소들을 기억하기 위해 어떤 방법을 사용했는지 말해 보세요.
자유응답

p.13

분류하기

보기와 같이 종류가 다른 한 가지를 찾아 ○하고, 나머지들을 묶어 무엇이라고 부르는지 적어 보세요.

보기: 망치 펜치 톱 (프라이팬) 송곳 드라이버 — 공구

❶ 두릅 도라지 시금치 고사리 (굴비) 숙주 — 나물

❷ 운동화 장화 (양말) 슬리퍼 샌들 구두 — 신발

❸ 막걸리 정종 맥주 위스키 와인 (커피) — 술

❹ 메뚜기 (개구리) 벌 나비 사마귀 매미 — 곤충

p.14

속담 연상하기

다음 그림 힌트를 잘 보고, '호랑이'와 관련된 속담을 말해 보세요.

❶ 답: 하룻강아지 범 무서운 줄 모른다.

❷ 이름: 이순신
답: 호랑이는 죽어서 가죽을 남기고 사람은 죽어서 이름을 남긴다.

❸ 답: 호랑이도 제 말하면 온다.

p.15

퍼즐 조각 맞추기

부록에서 그림 조각을 떼어 호랑이 그림을 완성해 보세요.

p.16

콩으로 만든 음식 찾기

1. 다음 중 콩으로 만든 음식을 모두 찾아 ○해 주세요. (5개)

2. 그밖에 콩으로 만들 수 있는 음식을 적어 보세요.
예) 콩강정,두유,콩밥,콩비지 ...

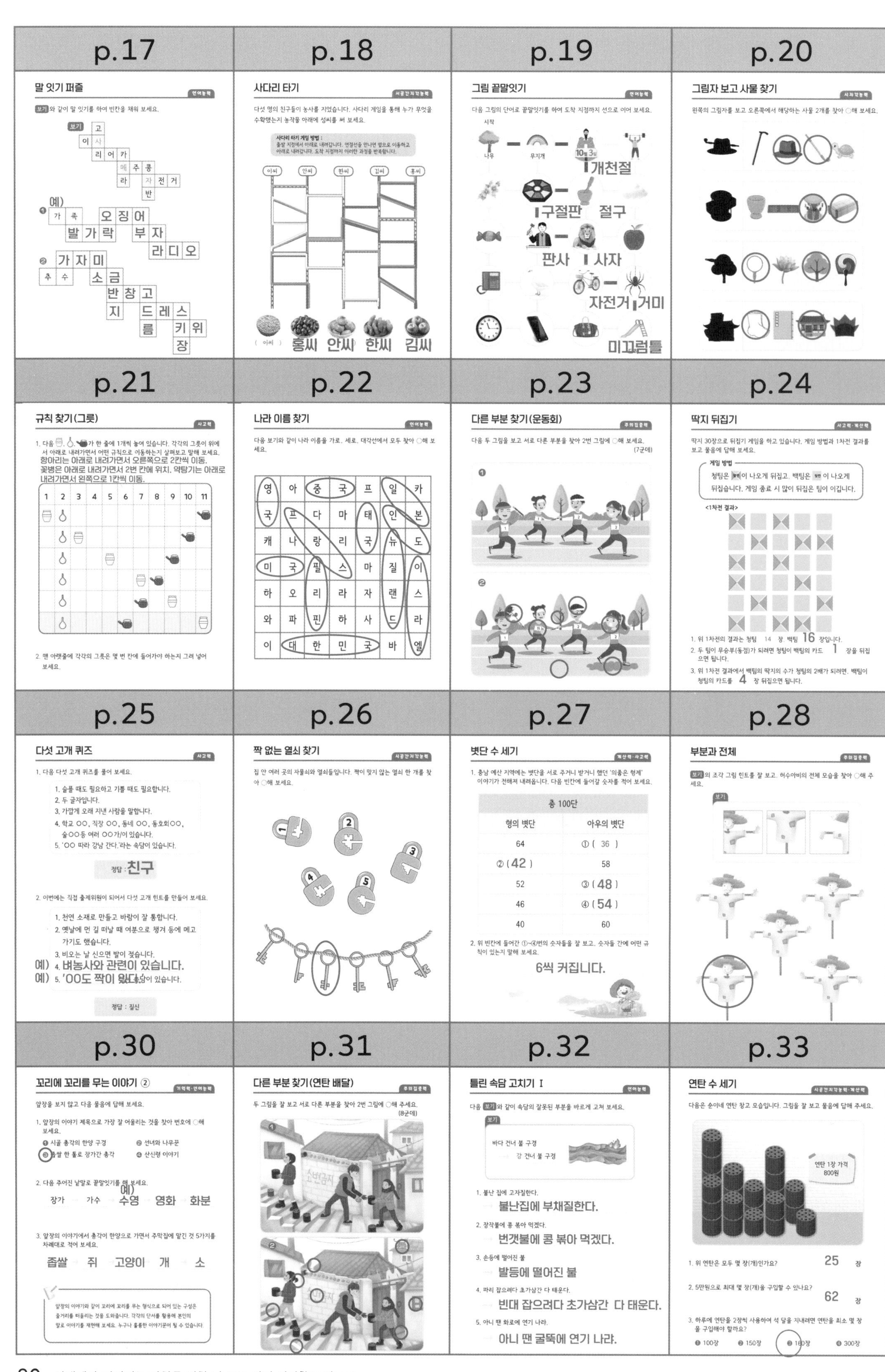

p.17

말 잇기 퍼즐

언어능력

보기와 같이 말 잇기를 하여 빈칸을 채워 보세요.

보기: 고사, 이사, 리어카, 메주, 주콩, 라자, 자전거, 반

예)

❶ 가족, 오징어, 발가락, 부자, 라디오

❷ 가자미, 추수, 소금, 반창고, 지, 드레스, 름, 키위, 장

p.18

사다리 타기

시공간지각능력

다섯 명의 친구들이 농사를 지었습니다. 사다리 게임을 통해 누가 무엇을 수확했는지 농작물 아래에 성씨를 써 보세요.

사다리 타기 게임 방법 : 출발 지점에서 아래로 내려갑니다. 연결선을 만나면 옆으로 이동하고 아래로 내려갑니다. 도착 지점까지 이러한 과정을 반복합니다.

이씨, 안씨, 한씨, 김씨, 홍씨

(이씨) 홍씨 안씨 한씨 김씨

p.19

그림 끝말잇기

언어능력

다음 그림의 단어로 끝말잇기를 하여 도착 지점까지 선으로 이어 보세요.

시작

나무 — 무지개 — 개천절

구절판 — 절구

판사 — 사자

자전거 — 거미

미끄럼틀

p.20

그림자 보고 사물 찾기

시지각능력

왼쪽의 그림자를 보고 오른쪽에서 해당하는 사물 2개를 찾아 ○해 보세요.

p.21

규칙 찾기(그릇)

사고력

1. 다음 그릇들이 한 줄에 1개씩 놓여 있습니다. 각각의 그릇이 위에서 아래로 내려가면서 어떤 규칙으로 이동하는지 살펴보고 말해 보세요.

항아리는 아래로 내려가면서 오른쪽으로 2칸씩 이동.
꽃병은 아래로 내려가면서 2번 칸에 위치. 약탕기는 아래로 내려가면서 왼쪽으로 1칸씩 이동.

1 2 3 4 5 6 7 8 9 10 11

2. 맨 아랫줄에 각각의 그릇은 몇 번 칸에 들어가야 하는지 그려 넣어 보세요.

p.22

나라 이름 찾기

언어능력

다음 보기와 같이 나라 이름을 가로, 세로, 대각선에서 모두 찾아 ○해 보세요.

영	아	중	국	프	일	카
국	프	다	마	태	인	본
캐	나	랑	리	국	뉴	도
미	국	필	스	마	질	이
하	오	리	라	자	랜	스
와	파	핀	하	사	드	라
이	대	한	민	국	바	엘

p.23

다른 부분 찾기(운동회)

주의집중력

다음 두 그림을 보고 서로 다른 부분을 찾아 2번 그림에 ○해 보세요. (7군데)

❶

❷

p.24

딱지 뒤집기

사고력·계산력

딱지 30장으로 뒤집기 게임을 하고 있습니다. 게임 방법과 1차전 결과를 보고 물음에 답해 보세요.

게임 방법

청팀은 백팀이 나오게 뒤집고, 백팀은 청팀이 나오게 뒤집습니다. 게임 종료 시 많이 뒤집은 팀이 이깁니다.

<1차전 결과>

1. 위 1차전의 결과는 청팀 14 장, 백팀 16 장입니다.
2. 두 팀이 무승부(동점)가 되려면 청팀이 백팀의 카드 1 장을 뒤집으면 됩니다.
3. 위 1차전 결과에서 백팀의 딱지의 수가 청팀의 2배가 되려면, 백팀이 청팀의 카드를 4 장 뒤집으면 됩니다.

p.25

다섯 고개 퀴즈

사고력

1. 다음 다섯 고개 퀴즈를 풀어 보세요.

1. 슬플 때도 필요하고 기쁠 때도 필요합니다.
2. 두 글자입니다.
3. 가깝게 오래 지낸 사람을 말합니다.
4. 학교 OO, 직장 OO, 동네 OO, 동호회OO, 술OO 등 여러 OO가/이 있습니다.
5. 'OO 따라 강남 간다.'라는 속담이 있습니다.

정답 : 친구

2. 이번에는 직접 출제위원이 되어서 다섯 고개 힌트를 만들어 보세요.

1. 천연 소재로 만들고 바람이 잘 통합니다.
2. 옛날에 먼 길 떠날 때 여분으로 챙겨 등에 메고 가기도 했습니다.
3. 비오는 날 신으면 발이 젖습니다.

예) 4. 벼농사와 관련이 있습니다.

예) 5. 'OO도 짝이 있다.'

정답 : 짚신

p.26

짝 없는 열쇠 찾기

시공간지각능력

집 안 여러 곳의 자물쇠와 열쇠들입니다. 짝이 맞지 않는 열쇠 한 개를 찾아 ○해 보세요.

p.27

볏단 수 세기

계산력·사고력

1. 충남 예산 지역에는 볏단을 서로 주거니 받거니 했던 '의좋은 형제' 이야기가 전해져 내려옵니다. 다음 빈칸에 들어갈 숫자를 적어 보세요.

총 100단	
형의 볏단	아우의 볏단
64	①(36)
②(42)	58
52	③(48)
46	④(54)
40	60

2. 위 빈칸에 들어간 ①~④번의 숫자들을 잘 보고, 숫자들 간에 어떤 규칙이 있는지 말해 보세요.

6씩 커집니다.

p.28

부분과 전체

주의집중력

보기의 조각 그림 힌트를 잘 보고, 허수아비의 전체 모습을 찾아 ○해 주세요.

보기

p.30

꼬리에 꼬리를 무는 이야기 ②

기억력·언어능력

앞장을 보지 않고 다음 물음에 답해 보세요.

1. 앞장의 이야기 제목으로 가장 잘 어울리는 것을 찾아 번호에 ○해 보세요.

❶ 시골 총각의 한양 구경 ❷ 선녀와 나무꾼 ❸ 좁쌀 한 톨로 장가간 총각 ❹ 산신령 이야기

2. 다음 주어진 낱말로 끝말잇기를 해 보세요.

장가 → 가수 → 예) 수영 → 영화 → 화분

3. 앞장의 이야기에서 총각이 한양으로 가면서 주막집에 맡긴 것 5가지를 차례대로 적어 보세요.

좁쌀 → 쥐 → 고양이 → 개 → 소

앞장의 이야기와 같이 꼬리에 꼬리를 무는 형식으로 되어 있는 구성은 줄거리를 떠올리는 것을 도와줍니다. 각각의 단서를 활용해 본인의 말로 이야기를 재현해 보세요. 누구나 훌륭한 이야기꾼이 될 수 있습니다.

p.31

다른 부분 찾기(연탄 배달)

주의집중력

두 그림을 잘 보고 서로 다른 부분을 찾아 2번 그림에 ○해 주세요. (8군데)

❶

❷

p.32

틀린 속담 고치기 I

언어능력

다음 보기와 같이 속담의 잘못된 부분을 바르게 고쳐 보세요.

보기

바다 건너 불 구경 → 강 건너 불 구경

1. 불난 집에 고자질한다. → 불난집에 부채질한다.
2. 장작불에 콩 볶아 먹겠다. → 번갯불에 콩 볶아 먹겠다.
3. 손등에 떨어진 불 → 발등에 떨어진 불
4. 파리 잡으려다 초가삼간 다 태운다. → 빈대 잡으려다 초가삼간 다 태운다.
5. 아니 땐 화로에 연기 나랴. → 아니 땐 굴뚝에 연기 나랴.

p.33

연탄 수 세기

시공간지각능력·계산력

다음은 순이네 연탄 창고 모습입니다. 그림을 잘 보고 물음에 답해 주세요.

연탄 1장 가격 800원

1. 위 연탄은 모두 몇 장(개)인가요? 25 장
2. 5만원으로 최대 몇 장(개)을 구입할 수 있나요? 62 장
3. 하루에 연탄을 2장씩 사용하여 석 달을 지내려면 연탄을 최소 몇 장을 구입해야 할까요?

❶ 100장 ❷ 150장 ❸ 180장 ❹ 300장

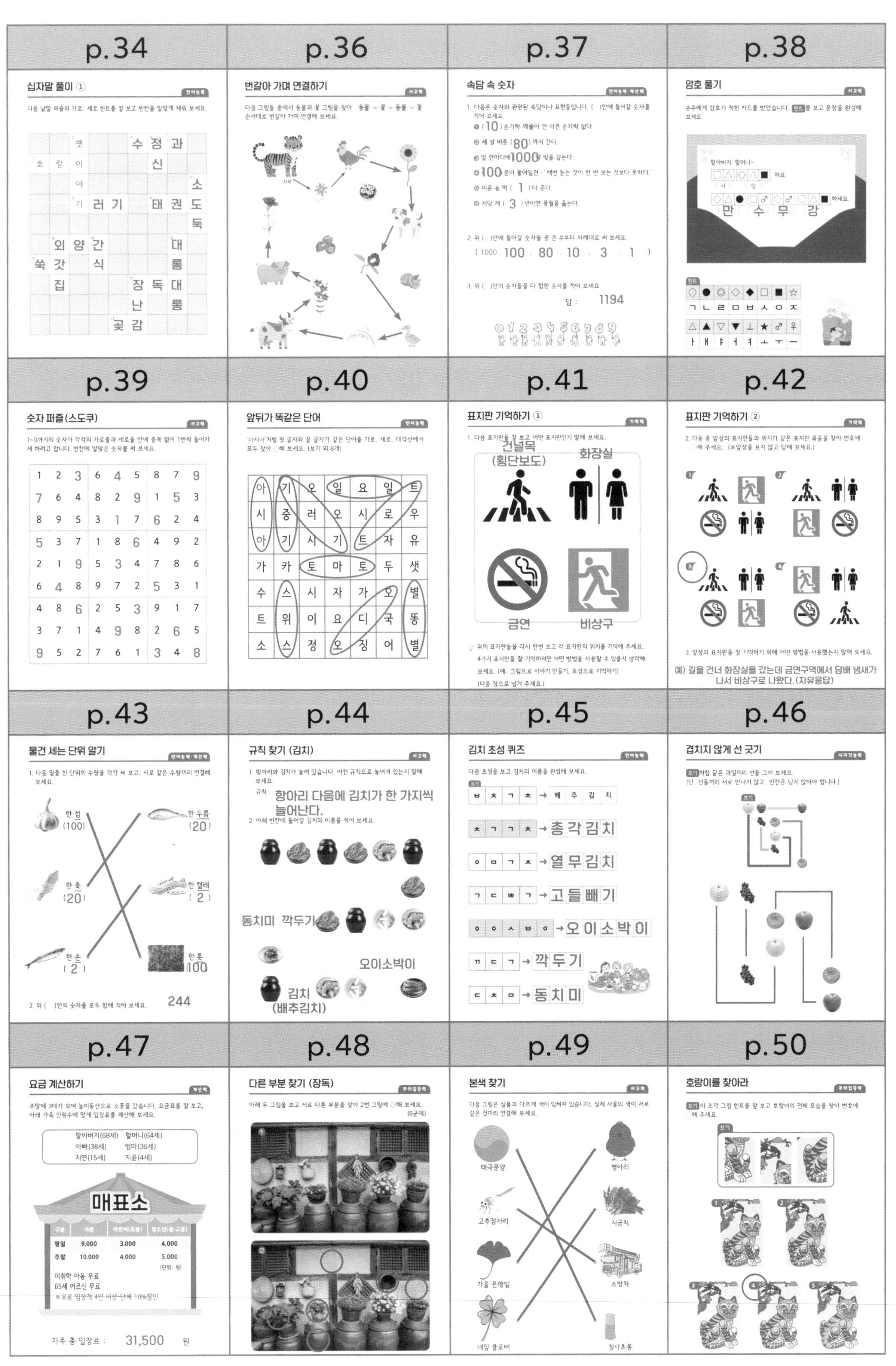

p.34

십자말 풀이 ①
언어능력

다음 낱말 퍼즐의 가로, 세로 힌트를 잘 보고 빈칸을 알맞게 채워 보세요.

		[2]옛			[4]수	[5]정	과	
[1]호	랑	이				신		
		야						[7]소
		[3]기	러	기		[6]태	권	도
								둑
	[8]외	양	[10]간				[12]대	
[9]쑥	갓		식				롱	
	집				[11]장	독	대	
					난		롱	
				[13]곶	감			

p.36

번갈아 가며 연결하기
사고력

다음 그림들 중에서 동물과 꽃 그림을 찾아 동물 → 꽃 → 동물 → 꽃 순서대로 번갈아 가며 연결해 보세요.

시작

p.37

속담 속 숫자
언어능력·계산력

1. 다음은 숫자와 관련된 속담이나 표현들입니다. ( )안에 들어갈 숫자를 적어 보세요.

① (10) 손가락 깨물어 안 아픈 손가락 없다.

② 세 살 버릇 (80) 까지 간다.

③ 말 한마디에 (1000) 냥 빚을 갚는다.

④ (100) 문이 불여일견 - '백번 듣는 것이 한 번 보는 것보다 못하다.'

⑤ 미운 놈 떡 (1) 더 준다.

⑥ 서당 개 (3) 년이면 풍월을 읊는다.

2. 위 ( )안에 들어갈 숫자들 중 큰 수부터 차례대로 써 보세요.

(1000 , 100 , 80 , 10 , 3 , 1)

3. 위 ( )안의 숫자들을 다 합한 숫자를 적어 보세요.

답 : 1194

p.38

암호 풀기
사고력

손주에게 암호가 적힌 카드를 받았습니다. 힌트를 보고 문장을 완성해 보세요.

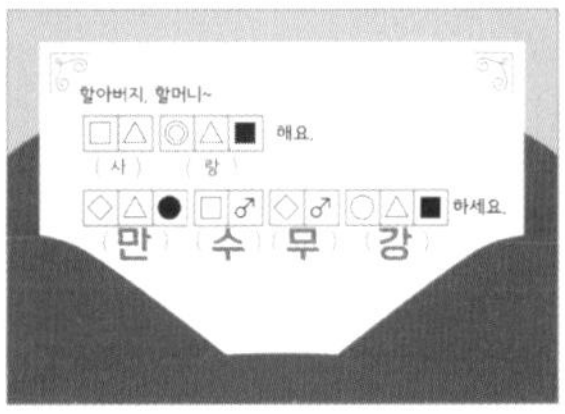
할아버지, 할머니~
□△◎△■ 해요.
(사) (랑)
◇△● □♂ ◇♂ ○△■ 하세요.
(만) (수) (무) (강)

힌트

○	●	◎	◇	◆	□	■	☆
ㄱ	ㄴ	ㄹ	ㅁ	ㅂ	ㅅ	ㅇ	ㅈ
△	▲	▽	▼	⊥	★	♂	♀
ㅏ	ㅐ	ㅑ	ㅓ	ㅕ	ㅗ	ㅜ	ㅡ

p.39

숫자 퍼즐(스도쿠)
사고력

1~9까지의 숫자가 각각의 가로줄과 세로줄 안에 중복 없이 1번씩 들어가게 하려고 합니다. 빈칸에 알맞은 숫자를 써 보세요.

1	2	3	6	4	5	8	7	9
7	6	4	8	2	9	1	5	3
8	9	5	3	1	7	6	2	4
5	3	7	1	8	6	4	9	2
2	1	9	5	3	4	7	8	6
6	4	8	9	7	2	5	3	1
4	8	6	2	5	3	9	1	7
3	7	1	4	9	8	2	6	5
9	5	2	7	6	1	3	4	8

p.40

앞뒤가 똑같은 단어
언어능력

'아시아'처럼 첫 글자와 끝 글자가 같은 단어를 가로, 세로, 대각선에서 모두 찾아 ○해 보세요. (보기 외 8개)

아	기	오	일	요	일	트
시	중	러	오	시	로	우
아	기	시	기	트	자	유
가	카	토	마	토	두	샛
수	스	시	자	가	오	별
트	위	이	요	디	국	똥
소	스	정	오	징	어	별

p.41

표지판 기억하기 ①
기억력

1. 다음 표지판을 잘 보고 어떤 표지판인지 말해 보세요.

건널목
(횡단보도)
화장실
금연
비상구

위의 표지판들을 다시 한번 보고 각 표지판의 위치를 기억해 주세요. 4가지 표지판을 잘 기억하려면 어떤 방법을 사용할 수 있을지 생각해 보세요. (예: 그림으로 이야기 만들기, 초성으로 기억하기)

(다음 장으로 넘겨 주세요.)

p.42

표지판 기억하기 ②
기억력

2. 다음 중 앞장의 표지판들과 위치가 같은 표지판 묶음을 찾아 번호에 ○해 주세요. (※앞장을 보지 않고 답해 보세요.)

3. 앞장의 표지판을 잘 기억하기 위해 어떤 방법을 사용했는지 말해 보세요.

예) 길을 건너 화장실을 갔는데 금연구역에서 담배 냄새가 나서 비상구로 나왔다.(자유응답)

p.43

물건 세는 단위 알기
언어능력·계산력

1. 다음 밑줄 친 단위의 수량을 각각 써 보고, 서로 같은 수량끼리 연결해 보세요.

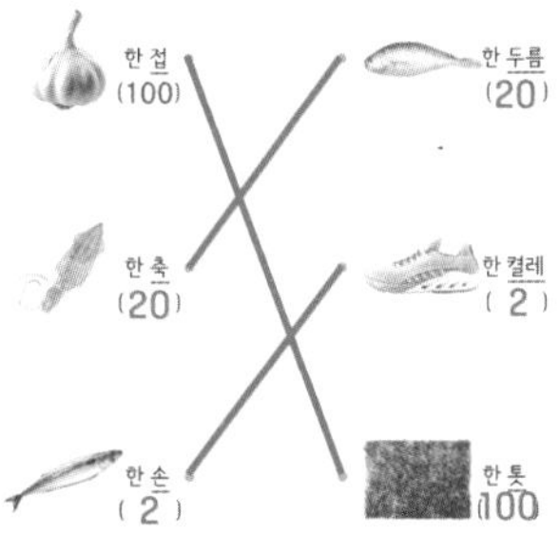
한 접 (100)
한 두름 (20)
한 축 (20)
한 켤레 (2)
한 손 (2)
한 톳 (100)

2. 위 ( )안의 숫자를 모두 합해 적어 보세요. 244

p.44

규칙 찾기 (김치)
사고력

1. 항아리와 김치가 놓여 있습니다. 어떤 규칙으로 놓여져 있는지 말해 보세요.

규칙 : 항아리 다음에 김치가 한 가지씩 늘어난다.

2. 아래 빈칸에 들어갈 김치의 이름을 적어 보세요.

동치미
깍두기
오이소박이
김치
(배추김치)

p.45

김치 초성 퀴즈
언어능력

다음 초성을 보고 김치의 이름을 완성해 보세요.

보기

ㅂ ㅊ ㄱ ㅊ → 배 추 김 치

ㅊ ㄱ ㄱ ㅊ → 총 각 김 치

ㅇ ㅁ ㄱ ㅊ → 열 무 김 치

ㄱ ㄷ ㅃ ㄱ → 고 들 빼 기

ㅇ ㅇ ㅅ ㅂ ㅇ → 오 이 소 박 이

ㄲ ㄷ ㄱ → 깍 두 기

ㄷ ㅊ ㅁ → 동 치 미

p.46

겹치지 않게 선 긋기
시지각능력

보기처럼 같은 과일끼리 선을 그어 보세요.
(단, 선들끼리 서로 만나지 않고, 빈칸은 남지 않아야 합니다.)

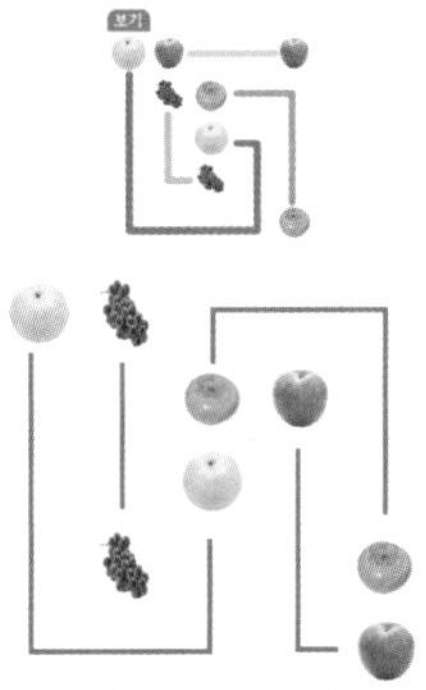
보기

p.47

요금 계산하기
계산력

주말에 3대가 모여 놀이동산으로 소풍을 갔습니다. 요금표를 잘 보고, 아래 가족 인원수에 맞게 입장료를 계산해 보세요.

할아버지(68세) 할머니(64세)
아빠(38세) 엄마(36세)
지연(15세) 지윤(4세)

매표소

구분	어른	어린이(초등)	청소년(중·고등)
평일	9,000	3,000	4,000
주말	10,000	4,000	5,000

(단위: 원)

미취학 아동 무료
65세 어르신 무료
※유료 입장객 4인 이상-단체 10%할인

가족 총 입장료 : 31,500 원

p.48

다른 부분 찾기 (장독)
주의집중력

아래 두 그림을 보고 서로 다른 부분을 찾아 2번 그림에 ○해 보세요. (6군데)

p.49

본색 찾기
사고력

다음 그림은 실물과 다르게 색이 입혀져 있습니다. 실제 사물의 색이 서로 같은 것끼리 연결해 보세요.

태극문양
병아리
고추잠자리
시금치
가을 은행잎
소방차
네잎 클로버
청사초롱

p.50

호랑이를 찾아라
주의집중력

보기의 조각 그림 힌트를 잘 보고 호랑이의 전체 모습을 찾아 번호에 ○해 주세요.

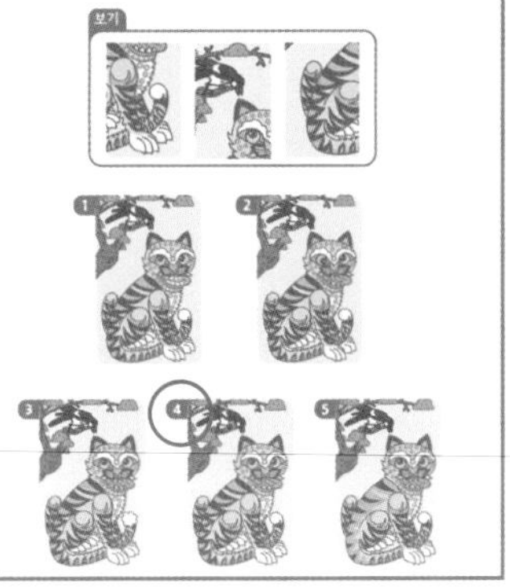
보기

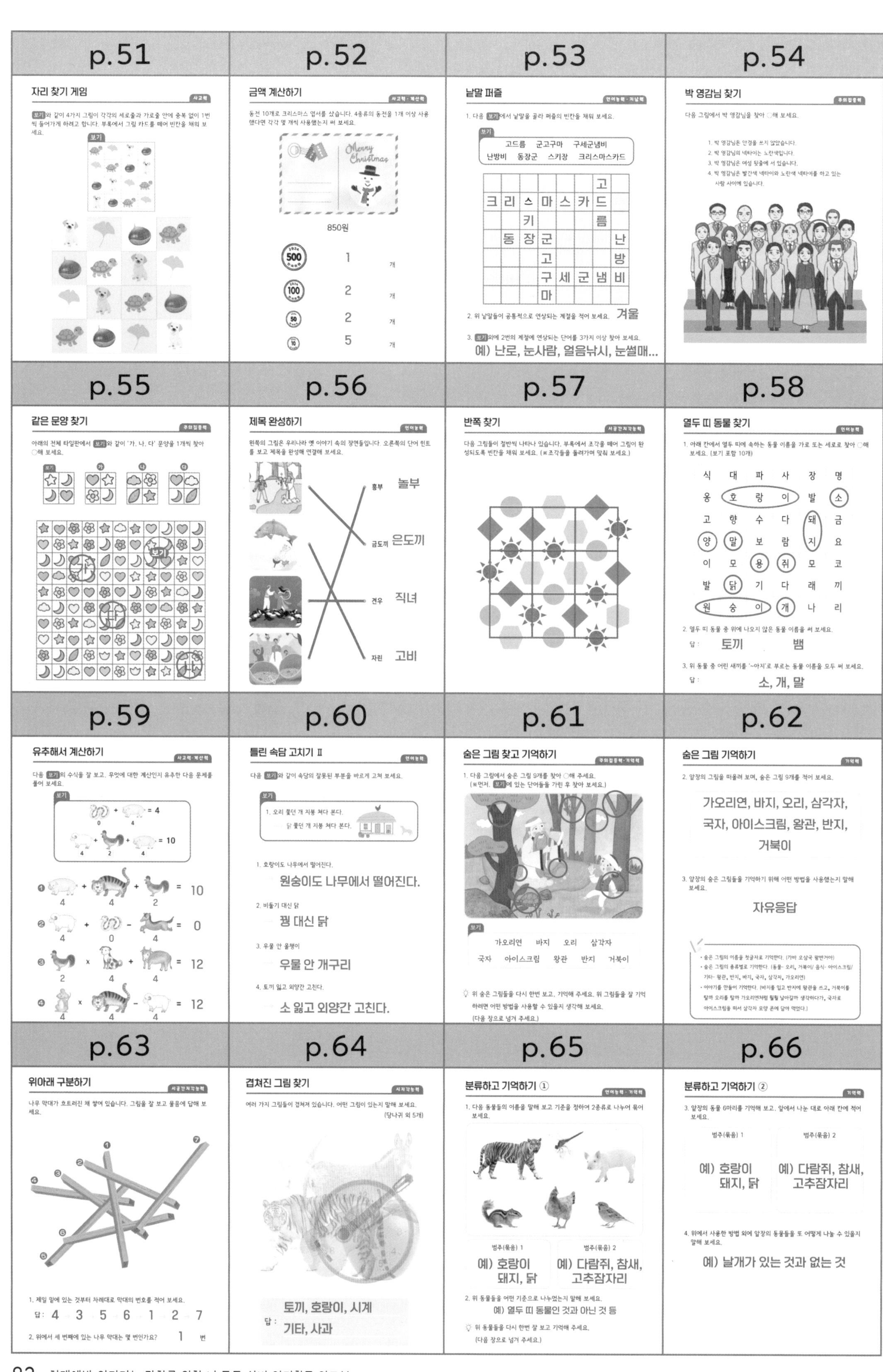

p.51

자리 찾기 게임

p.52

금액 계산하기

850원

1 개

2 개

2 개

5 개

p.53

낱말 퍼즐

고드름 군고구마 구세군냄비 난방비 동장군 스키장 크리스마스카드

2. 위 낱말들이 공통적으로 연상되는 계절을 적어 보세요. 겨울

예) 난로, 눈사람, 얼음낚시, 눈썰매...

p.54

박 영감님 찾기

p.55

같은 문양 찾기

p.56

제목 완성하기

흥부 놀부

금도끼 은도끼

견우 직녀

자린 고비

p.57

반쪽 찾기

p.58

열두 띠 동물 찾기

답 : 토끼 뱀

답 : 소, 개, 말

p.59

유추해서 계산하기

p.60

틀린 속담 고치기 Ⅱ

1. 호랑이도 나무에서 떨어진다.

원숭이도 나무에서 떨어진다.

2. 비둘기 대신 닭

꿩 대신 닭

3. 우물 안 올챙이

우물 안 개구리

4. 토끼 잃고 외양간 고친다.

소 잃고 외양간 고친다.

p.61

숨은 그림 찾고 기억하기

가오리연 바지 오리 삼각자 국자 아이스크림 왕관 반지 거북이

p.62

숨은 그림 기억하기

가오리연, 바지, 오리, 삼각자, 국자, 아이스크림, 왕관, 반지, 거북이

자유응답

p.63

위아래 구분하기

답: 4 3 5 6 1 2 7

1 번

p.64

겹쳐진 그림 찾기

답 : 토끼, 호랑이, 시계 기타, 사과

p.65

분류하고 기억하기 ①

예) 호랑이 돼지, 닭

예) 다람쥐, 참새, 고추잠자리

예) 열두 띠 동물인 것과 아닌 것 등

p.66

분류하고 기억하기 ②

예) 호랑이 돼지, 닭

예) 다람쥐, 참새, 고추잠자리

예) 날개가 있는 것과 없는 것

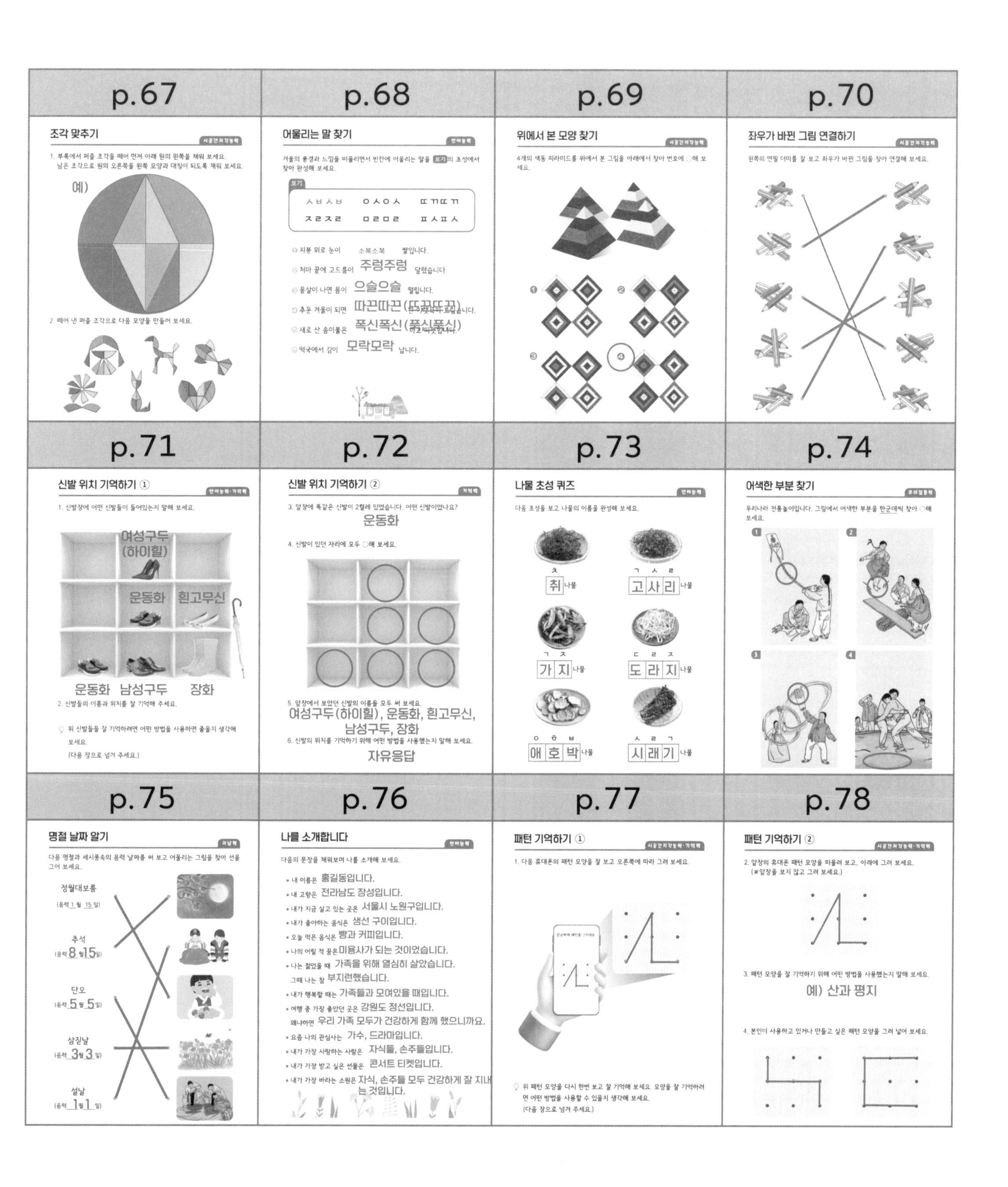

p.67

조각 맞추기

시공간지각능력

1. 부록에서 퍼즐 조각을 떼어 먼저 아래 원의 왼쪽을 채워 보세요.
   남은 조각으로 원의 오른쪽을 왼쪽 모양과 대칭이 되도록 채워 보세요.

예)

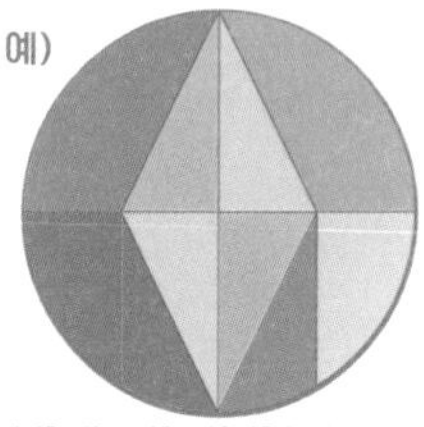

2. 떼어 낸 퍼즐 조각으로 다음 모양을 만들어 보세요.

p.68

어울리는 말 찾기

언어능력

겨울의 풍경과 느낌을 떠올리면서 빈칸에 어울리는 말을 보기의 초성에서 찾아 완성해 보세요.

보기

ㅅㅂㅅㅂ	ㅇㅅㅇㅅ	ㄸㄲㄸㄲ
ㅈㄹㅈㄹ	ㅁㄹㅁㄹ	ㅍㅅㅍㅅ

- 지붕 위로 눈이 소복소복 쌓입니다.
- 처마 끝에 고드름이 주렁주렁 달렸습니다.
- 몸살이 나면 몸이 으슬으슬 떨립니다.
- 추운 겨울이 되면 따끈따끈(뜨끈뜨끈)한 아랫목이 그립습니다.
- 새로 산 솜이불은 폭신폭신(푹신푹신)하고 따뜻합니다.
- 떡국에서 김이 모락모락 납니다.

p.69

위에서 본 모양 찾기

시공간지각능력

4개의 색동 피라미드를 위에서 본 그림을 아래에서 찾아 번호에 ○해 보세요.

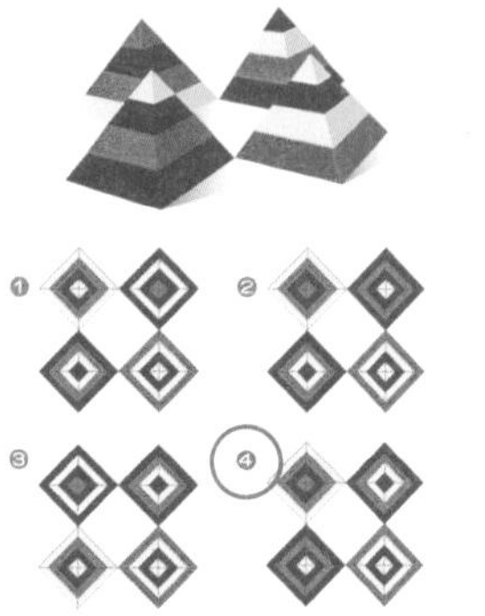

p.70

좌우가 바뀐 그림 연결하기

시공간지각능력

왼쪽의 연필 더미를 잘 보고 좌우가 바뀐 그림을 찾아 연결해 보세요.

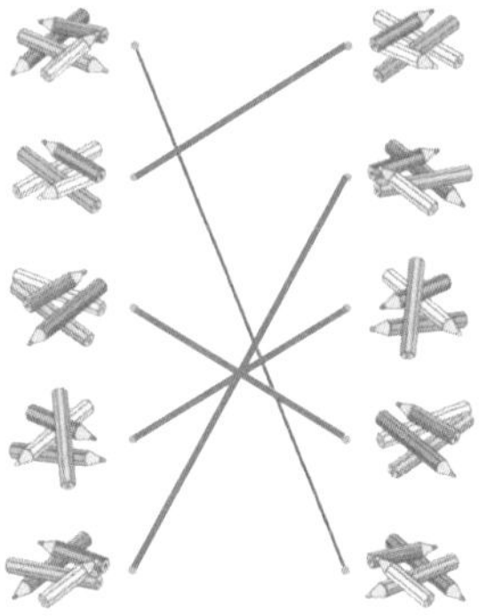

p.71

신발 위치 기억하기 ①

언어능력·기억력

1. 신발장에 어떤 신발들이 들어있는지 말해 보세요.

2. 신발들의 이름과 위치를 잘 기억해 주세요.

위 신발들을 잘 기억하려면 어떤 방법을 사용하면 좋을지 생각해 보세요.
(다음 장으로 넘겨 주세요.)

p.72

신발 위치 기억하기 ②

기억력

3. 앞장에 똑같은 신발이 2켤레 있었습니다. 어떤 신발이었나요?
   운동화

4. 신발이 있던 자리에 모두 ○해 보세요.

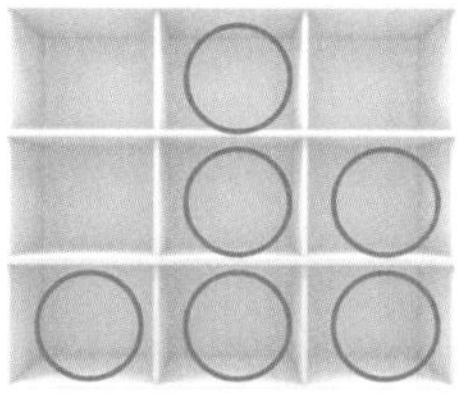

5. 앞장에서 보았던 신발의 이름을 모두 써 보세요.
   여성구두(하이힐), 운동화, 흰고무신, 남성구두, 장화

6. 신발의 위치를 기억하기 위해 어떤 방법을 사용했는지 말해 보세요.
   자유응답

p.73

나물 초성 퀴즈

언어능력

다음 초성을 보고 나물의 이름을 완성해 보세요.

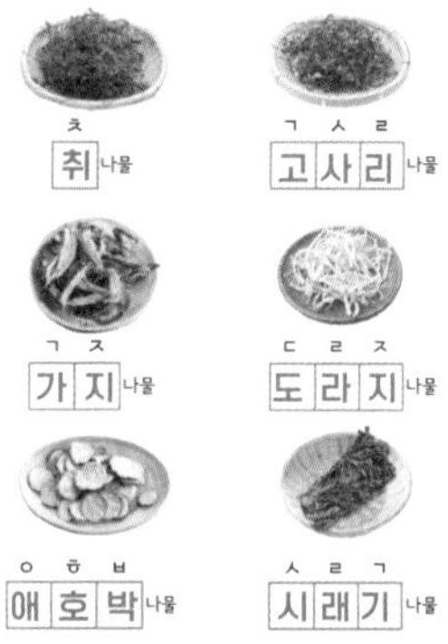

p.74

어색한 부분 찾기

주의집중력

우리나라 전통놀이입니다. 그림에서 어색한 부분을 한군데씩 찾아 ○해 보세요.

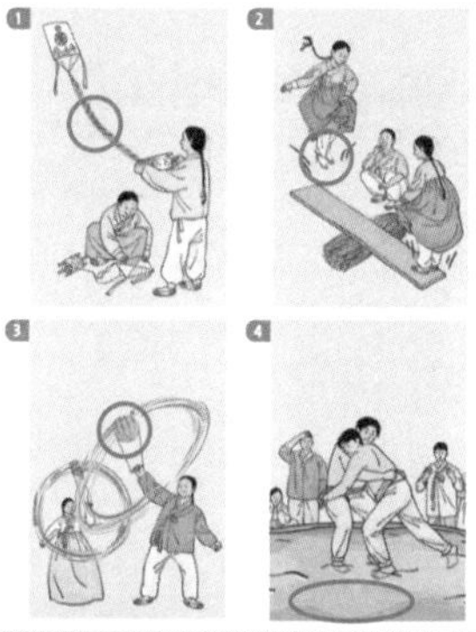

p.75

명절 날짜 알기

지남력

다음 명절과 세시풍속의 음력 날짜를 써 보고 어울리는 그림을 찾아 선을 그어 보세요.

p.76

나를 소개합니다

언어능력

다음의 문장을 채워보며 나를 소개해 보세요.

- 내 이름은 홍길동입니다.
- 내 고향은 전라남도 장성입니다.
- 내가 지금 살고 있는 곳은 서울시 노원구입니다.
- 내가 좋아하는 음식은 생선 구이입니다.
- 오늘 먹은 음식은 빵과 커피입니다.
- 나의 어릴 적 꿈은 미용사가 되는 것이었습니다.
- 나는 젊었을 때 가족을 위해 열심히 살았습니다.
  그때 나는 참 부지런했습니다.
- 내가 행복할 때는 가족들과 모여있을 때입니다.
- 여행 중 가장 좋았던 곳은 강원도 정선입니다.
  왜냐하면 우리 가족 모두가 건강하게 함께 했으니까요.
- 요즘 나의 관심사는 가수, 드라마입니다.
- 내가 가장 사랑하는 사람은 자식들, 손주들입니다.
- 내가 가장 받고 싶은 선물은 콘서트 티켓입니다.
- 내가 가장 바라는 소원은 자식, 손주들 모두 건강하게 잘 지내는 것입니다.

p.77

패턴 기억하기 ①

시공간지각능력·기억력

1. 다음 휴대폰의 패턴 모양을 잘 보고 오른쪽에 따라 그려 보세요.

위 패턴 모양을 다시 한번 보고 잘 기억해 보세요. 모양을 잘 기억하려면 어떤 방법을 사용할 수 있을지 생각해 보세요.
(다음 장으로 넘겨 주세요.)

p.78

패턴 기억하기 ②

시공간지각능력·기억력

2. 앞장의 휴대폰 패턴 모양을 떠올려 보고, 아래에 그려 보세요.
   (※앞장을 보지 않고 그려 보세요.)

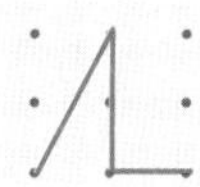

3. 패턴 모양을 잘 기억하기 위해 어떤 방법을 사용했는지 말해 보세요.
   예) 산과 평지

4. 본인이 사용하고 있거나 만들고 싶은 패턴 모양을 그려 넣어 보세요.

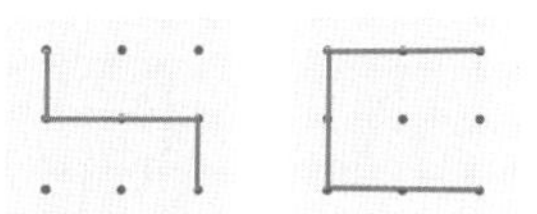

저자소개

이송은

학력 및 경력

책놀이전문가, 노인인지활동책놀이지도사
동화가있는집 연구소 소장(현)/실버인지프로그램 개발팀(현)
(사)한국책놀이지도사협회 이사장(현)
중앙대학교 대학원 유아교육과 박사과정 졸업(문학박사)
부천대학교 겸임교수
서울시 금천50플러스센터, 서초여성가족플라자, 영등포평생학습관, 중앙교육(알짜닷컴), 고양시여성회관,
서울특별시교육청 서대문도서관, 경기의정부교육도서관 '노인인지활동책놀이지도사' 자격증과정 강사
두원공과대학교 사회복지과 '노인인지활동책놀이지도사' 자격증과정 강사
청구노인복지센터, 종로노인종합복지관 무악센터 치매예방 인지책놀이 강사
보현데이케어센터 어르신인지책놀이 강사(현)
일산서구치매안심센터 쉼터프로그램 강사(현)

저서

『노인여가프로그램개발: 노인을 위한 문학활동』(창지사)
『50+세대에 의한 인지활동형 어르신책놀이프로그램 개발과 적용』(서울시 50플러스재단)
『치매예방과 인지기능 강화를 위한 노인인지활동책놀이』(대표저자, 창지사)
『실버 인지활동 워크북 초급01』(모든북스)
『실버 인지활동 워크북 중급01』(모든북스)
『실버 인지활동 워크북 초급02』(모든북스)

논문

「세 연구자들의 스토리텔링탐험기: 그림책으로 아이들과 소통하는 할머니·할아버지 세워가기」
(교육인류학연구 19권 3호)
「비대면실시간 노인인지활동책놀이 프로그램이 인지기능과 우울감에 미치는 영향:
주야간보호시설이용 노인을 중심으로」(한국노년학 42권 1호)

수상

한국보건복지인재원 주최 온라인콘텐츠공모전, 〈나도 온라인 명강사〉 최우수상
-「치매예방과 인지기능강화를 위한 도란도란 들썩들썩 노인인지활동책놀이」

안미영

학력 및 경력

책놀이전문가, 노인인지활동책놀이지도사
동화가있는집 연구소 연구원 (현) / 실버인지프로그램 개발팀 (현)
(사)한국책놀이지도사협회 강사 (현)
숭실대학교 사회복지대학원 사회복지실천전공 졸업(사회복지학석사)
숭실대학교 사회복지대학원 노인복지과정 수료
동화가있는집 연구소 '노인인지활동책놀이지도사' 자격증과정 강사(팀장) (현)
용산여성인력개발센터 '노인인지활동책놀이지도사' 자격증과정 강사
김영삼도서관 '노인인지활동책놀이지도사' 자격증과정 강사
서울특별시교육청 용산도서관 '노인인지활동책놀이지도사' 자격증과정 강사
두원공과대학교 사회복지과 '노인인지활동책놀이지도사' 자격증과정 강사
서울시립은평노인종합복지관 치매예방 책놀이 강사
관악구치매안심센터 인지건강 프로그램 인지활동 책놀이 강사
강남논현데이케어센터, 남산실버복지센터 외 다수 어르신 인지활동 책놀이 강사

저서 『치매예방과 인지기능 강화를 위한 노인인지활동책놀이』(공동집필, 창지사)
『실버 인지활동 워크북 초급01』(모든북스)
『실버 인지활동 워크북 중급01』(모든북스)
『실버 인지활동 워크북 초급02』(모든북스)

논문 「비대면실시간 노인인지활동책놀이 프로그램이 인지기능과 우울감에 미치는 영향:
주야간보호시설이용 노인을 중심으로」(한국노년학 42권 1호)

사회복지사 1급, 요양보호사, 노인인지활동책놀이지도사 전문가급, 책놀이지도사 전문가급

한지선

학력 및 경력
책놀이전문가, 노인인지활동책놀이지도사
동화가있는집 연구소 연구원(현)/실버인지프로그램 개발팀(현)
(사)한국책놀이지도사협회 강사(현)
을지대학교 환경보건학과 졸업
서울시영등포구청, 인천노인인력개발센터, 성남책이랑도서관 '노인인지활동책놀이지도사' 자격증과정 강사
서울시 금천50플러스센터 '노인인지활동책놀이지도사' 자격증과정 강사(현)
서초여성가족플라자 '노인인지활동책놀이지도사' 자격증과정 강사 (현)
두원공과대학교 사회복지과 '노인인지활동책놀이지도사' 자격증과정 강사
신당데이케어센터 어르신인지활동책놀이 강사
신림데이케어센터 어르신인지활동책놀이 강사(현)
부천사랑병원 하모니재활센터 그림책인지활동강사(현)
관악구치매안심센터 난곡분소 쉼터 노인인지활동책놀이 강사
인천이삭요양원, 꿈꾸는요양원 인지책놀이 강사

저서
『실버 인지활동 워크북 초급01』(모든북스)
『실버 인지활동 워크북 중급01』(모든북스)
『실버 인지활동 워크북 초급02』(모든북스)

노인인지활동책놀이지도사 전문가급, 책놀이지도사 전문가급, 스토리텔러 전문가급, 놀이교육지도사 1급

김숙영

학력 및 경력
책놀이전문가, 노인인지활동책놀이지도사, 실버보드게임강사
(사)한국책놀이지도사협회 강사(현)
동화가있는집 연구소 연구원(현)/실버인지프로그램 개발팀(현)
대전대학교 보건스포츠대학원 대체의학전공 졸업(보건학석사)
우송대학교부설 웰니스연구소 연구원
우송대학교부설 솔도라도웰빙센터 연구원
두원공과대학교 사회복지과 '노인인지활동책놀이지도사' 자격증과정 강사
궁동종합사회복지관 치매예방교실 강사
나눔돌봄사회적협동조합 치매예방교육 강사
삼화데이케어센터 뇌튼튼 어르신인지책놀이 강사(현)

저서
『실버 인지활동 워크북 초급01』(모든북스)
『실버 인지활동 워크북 중급01』(모든북스)
『실버 인지활동 워크북 초급02』(모든북스)

사회복지사 2급, 간호조무사, 요양보호사, 노인인지활동책놀이지도사 전문가급, 노인두뇌훈련지도사 1급,
실버보드게임지도사 1급

홍선하

학력 및 경력
책놀이전문가, 노인인지활동책놀이지도사
동화가있는집 연구소 실버인지프로그램 개발팀(현)
(사)한국책놀이지도사협회 강사(현)
동강대학교 건축과 졸업
포천시보건소치매안심센터 치매환자 프로그램 강사(현)
포천시보건소치매안심센터 치매예방 프로그램 강사(현)
포천시립도서관 찾아가는 시니어 그림책 테라피 강사(현)
포천시청평생교육팀 노인인지활동책놀이 강사
포천시청평생교육팀 실버놀이 강사
포천시 은빛아카데미 정신건강 프로그램 강사

저서
『실버 인지활동 워크북 초급01』(모든북스)
『실버 인지활동 워크북 중급01』(모든북스)
『실버 인지활동 워크북 초급02』(모든북스)

노인인지활동책놀이지도사 전문가급, 인지재활놀이지도사 1급, 미술심리치료사 1급,
노인두뇌훈련지도사 1급

치매예방 • 인지기능 강화를 위한 뇌 튼튼

실버 인지활동 워크북 중급 02

초판 1쇄 발행 2025년 1월 17일
지은이 이송은 · 안미영 · 한지선 · 김숙영 · 홍선하
동화가있는집 연구소 | 실버인지프로그램 개발팀
내용 문의 및 프로그램 교육 상담 : ☎ 02-2632-1582
펴낸이 박인연
편　집 박인연
디자인 이미영
삽　화 김순애 · 한주현
마케팅 강동균
펴낸곳 모든북스 등록번호 2020년 9월 18일(제 2020-000195호)
주　소 경기도 고양시 일산동구 숲속마을 1로 55
이메일 modenbooks@naver.com
전　화 010-4587-5410
ISBN 979-11-986776-2-4(03060)
※ 잘못된 책은 구입한 곳에서 바꿔드립니다. 책값은 뒤표지에 있습니다.

51p 자리 찾기 게임에 활용하세요

57p 반쪽 찾기 -1에 활용하세요

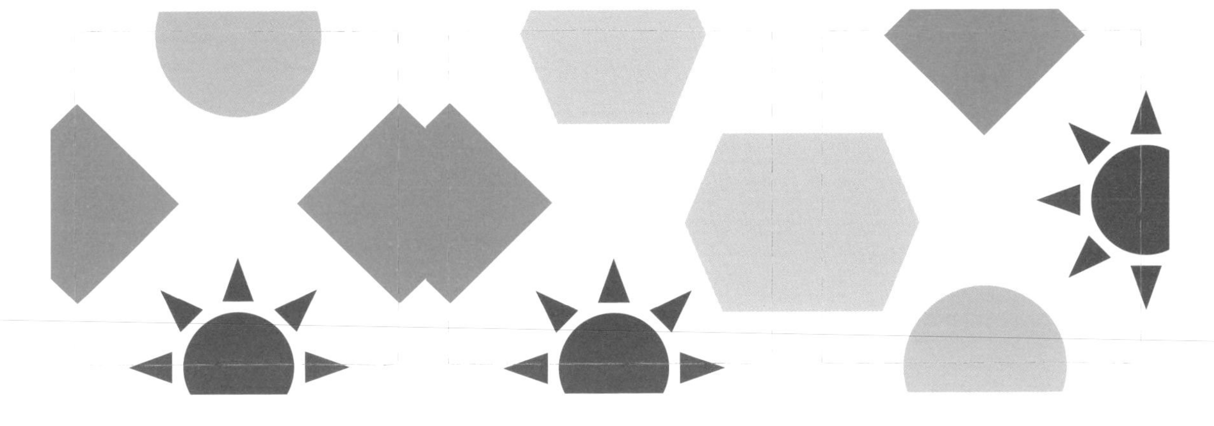

57p 반쪽 찾기 -2에 활용하세요

67p 조각 맞추기에 활용하세요

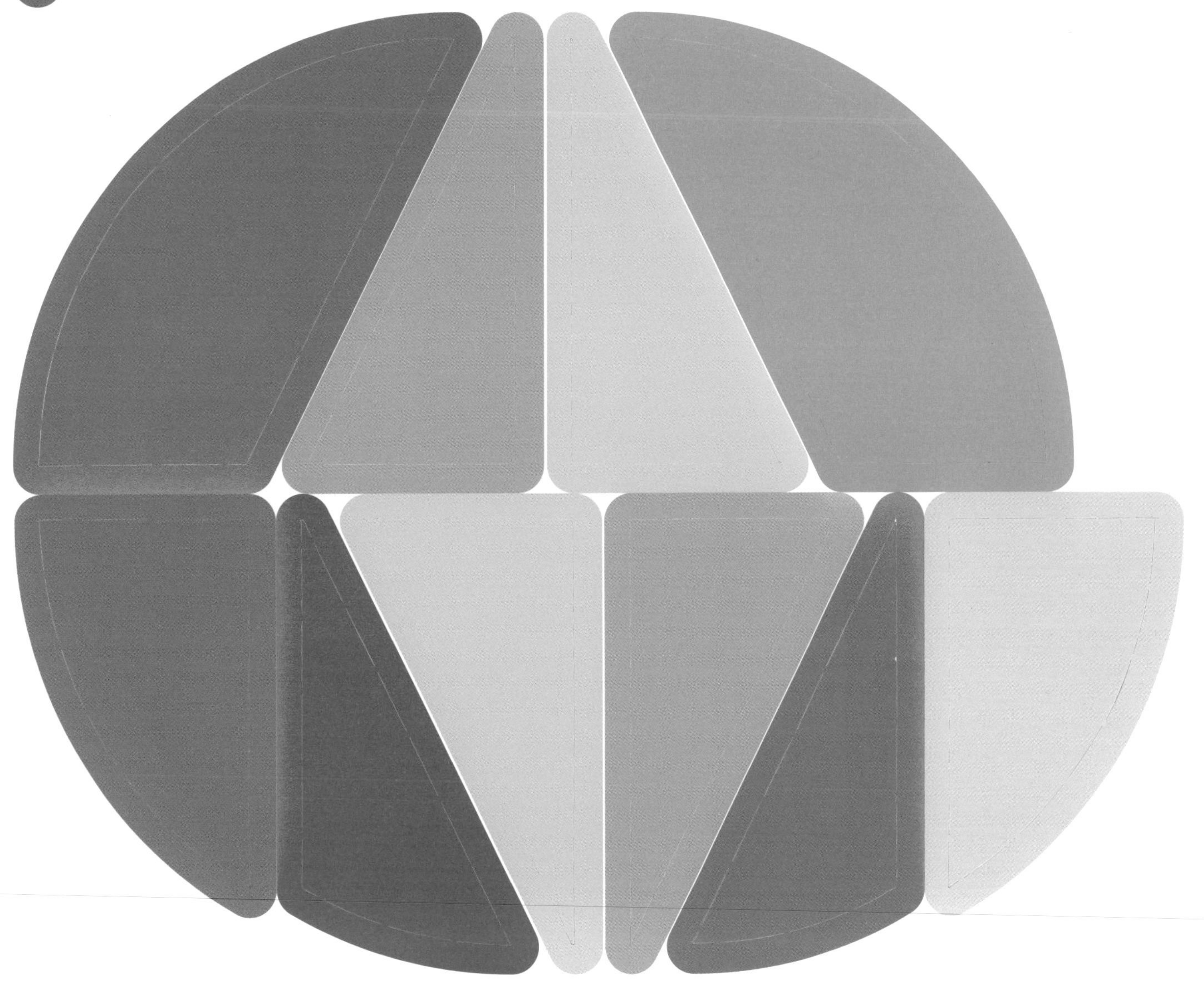